L'édito

DE GILBERT BRISBOIS
ET DANIEL RIOLO

Football, politique, plaisir, beau jeu, difficile de faire mélange moins harmonieux. On dirait la vitrine d'un Desigual dans la rue commerçante de Strasbourg. Et pourtant, nous avons décidé de lier les deux dans ce numéro 3 de la Revue de l'After. Une idée validée par notre invité d'honneur, Michel Platini. Il nous a tout offert et surtout beaucoup de souvenirs, de plaisirs, de joies. La politique est venue après. Mais pensait-il que devenir président de l'UEFA, c'était devoir faire de la politique ? A-t-il fait ça en y prenant du plaisir ? Imaginait-il qu'il briguerait le poste de patron de la FIFA sans se salir ou être sali ? Platini a voulu arriver au pouvoir comme il est devenu le plus fort en foot. Avec sa classe naturelle et une bande de potes autour de lui. Un brin naïf, très certainement.

Eh oui, parce qu'on a beau chercher, les exemples de blanc-bleu en quête de pouvoir, c'est difficile à trouver. On vous laisse donc librement choisir votre numéro 10 en politique. Nous, on se contentera de vous raconter les histoires de ce foot qui mène à tout. « Diriger un club de foot, c'est comme diriger un pays », c'était le slogan de Macri en Argentine et de Berlusconi en Italie. Vous les retrouverez dans ces pages. Mais ils ont tous deux constaté qu'on ne peut gagner partout.

Gagner, nous, franchement, on s'en fout. Attention, on ne va pas vous vendre un condensé du Baron de Coubertin, où l'important c'est de participer et de visiter les installations. Nos souvenirs de foot à nous aussi sont liés à des victoires. On n'est pas complètement maso, à vouloir souffrir pour vous convaincre que seul le jeu compte. On va d'abord vous expliquer pourquoi la phrase « Il n'y a que la victoire qui compte » est encore plus stupide que celle qui assène « qu'on ne retient que le nom du vainqueur ».

Et puis, on va aussi s'attarder sur l'idée du beau dans le foot. On aurait pu en faire trois revues. Alors, on a laissé nos contributeurs choisir leur histoire. Cherif Ghemmour est convaincu que, culturellement, un Rebeu veut toujours jouer 10. Cela signifie-t-il qu'un Rebeu qui joue en défense est un raté ou un bourrin ?

Peu importe leurs origines, la majorité des amateurs de foot préfèrent les 10 ou les joueurs offensifs créatifs. C'est un fait. Objectif. Comme si la recherche du plaisir, du beau geste était finalement le premier élément constitutif de notre mémoire footballistique. Oui, ce n'est pas très Deschamps compatible, mais nous sommes persuadés que le résultat ne dit pas tout et que cette vision du foot relève du sport pour technocrates. Le résultat seul, c'est pour les quizz de fin d'émission ou pour un Almanach du sport. Un objet qui ne prend de l'importance que lorsque Marty McFly se le fait voler par Biff Tannen, dans *Retour vers le futur 2*...

On rêve depuis toujours de se retrouver face à un groupe de fans habités par l'idée que seul le résultat compte. Dans notre rêve, on joue à se souvenir des vainqueurs des grandes compétitions. Même chez les plus autistes d'entre eux, qui ne nous battent jamais, il y a des trous. À chaque fois, on constate qu'on oublie les vainqueurs moches, comme les finales moches. Ces instants où l'on n'a rien fait d'autre que d'enregistrer un résultat.

Au moment d'écrire ses Mémoires, n'importe quel supporter dans le monde couchera sur le papier autant de victoires que de défaites. Le trait d'union sera l'émotion.

Foot, politique, plaisir, jeu... Nous aurions aussi pu décliner une version noire de ce numéro. La couverture aurait affiché le duo Le Graët-Deschamps. Eux ont toujours tout mélangé, pour le pire surtout. On est convaincus depuis toujours que le moteur de Deschamps, c'est la frustration. Lancé en bleu par Platini, qui le voyait en porteur d'eau, il a effectivement, quelques années plus tard, porté les seaux pour Zidane. Marqué par cette blessure, il ne pouvait, dès lors, devenir un adepte de l'idée même de beau jeu. Il ne pouvait que sombrer dans l'obscurantisme des *risultatisti*, comme on appelle en Italie ceux qui ne vivent que pour le résultat.

Mais le match est désormais plié. L'opposition historique entre Menotti et Belardo, l'artiste et le pragmatique, a occupé les intellectuels argentins. Elle est aujourd'hui dans les livres, plus sur le terrain. Le jeu a gagné. Le plaisir sur l'ennui. On vit dans l'époque du désir roi. Le coefficient de « spectacularité » domine. Merde, on va finir par dire que le progressisme contemporain a aidé notre cause... ■

CREDITS PHOTOS : Couverture: Illustration Zaven et Anthony Dibon/Icon Sport - P1 DR - P8. Pierre DESTRADE/JOURNAL DU CENTRE/MaxPPP - P9 JB Autissier / Panoramic - P12-13 Charlotte Wilson/Offside/PresseSports - P15 Alessandra Tarantino/AP/SIPA - P18-19 Pablo Garcia/Marca/Icon Sport - P20 Alexander Vilf/Sputnik/Icon Sport - P27 David Fernandez/EFE/MaxPPP - P28 Newscom/MaxPPP - P33 Ettore Ferrari/EFE/MaxPPP - P34 Alain Gadoffre/Onze/Icon Sport. Franco Origlia/Getty Images - P38 EFE/MaxPPP - P39 Mondadori Portfolio/Sergio del Grande/Bridgeman Images - P40 Jean Michel Bancet/Icon Sport - P42 Mounic/Presse Sports - P45 Olivier Andrivon / Icon Sport - P46 Andrew Milligan / PA Images / Icon Sport - P49 Popperfoto via Getty Images P52 Henry Nicholls/Reuters/Panoramic - P53 AI / Reuters / Panoramic - P54 Jemolo/Leemage - P55 Robert Michael/dpa/Icon Sport - P57 Ralf Hirschberger/dpa/Icon Sport - P58 Photoshot / Icon Sport - P60-61 Pixathlon / Icon Sport - P63 Xinhua/Li Xueren/MaxPPP - P64 Xinhua/Yang Lei/MaxPPP - P66-67 Philippe Perusseau / Icon Sport - P70 Owen Humphreys/Press Association Images/MaxPPP - P73 Mehdi Taamallah/Avalon/Icon Sport - P74 Michel Maestracci / Icon Sport. SvenSimon/Newscom/MaxPPP - P78, 81, 82, 85, 86, 88 Franck Faugere/Presse Sports - P94 Imago/Panoramic - P99 Presse Sports. Christian Gavelle/Onze/Icon Sport.De Martignac/Presse Sports - P100 Jacques Langevin/Presse Sports. Patrick Gripe/Presse Sports - P104Alexis Réau, Jacques Torregano, Stéphane Mantey, William Dupuy/Presse Sports - P108 PictureAlliance/Icon Sport - P109 Alejandro Garcia/Efe/ABACAPRESS/Icon Sport - P111 SBI/Icon Sport - P112 Charlotte Wilson/Offside/Presse Sports - P114 Daniel Dal Zennaro/EPA/MaxPPP. Claudio Onorati/EFE/MaxPPP - P116 Jaime Lopez/EPA/MaxPPP - P117 Aldo Liverani/Icon Sport - P122 VI Images/Icon Sport - P123 Robert Collette/VI Images/Icon Sport - P126-127 Anthony Dibon/Icon Sport - P128 Bernard Papon/Presse Sports - P129 Francj Faugere/Presse Sports - P132-135 Sébastien Leban/Presse Sports - P134 DR - P138-139 DR - P141 NY Red Bulls.

Sommaire

Contributeurs

WALID
ARCHERCHOUR
P. 136

OLIVIER
BABEAU
P. 52

JIMMY
BRAUN
P. 126

CHRISTIAN
CHESNOT
P. 66

JOHANN
CROCHET
P. 112 ET 120

JEAN
DUVERDIER

CHÉRIF
GHEMMOUR
P. 96

JULIEN
LAURENS
P. 108

RAPHAËL
LE MAGOARIEC
P. 70

THIBAUD
LEPLAT
P. 7

JEAN-MARC
LEYNET
P. 133

HOUSSEM
LOUSSAÏEF
P. 133

GÉRALDINE
MAILLET
P. 102

DAMIEN
PERRINELLE
P. 140

GEORGES
QUIRINO CHAVEZ
P. 24

DIDIER
ROUSTAN
P. 126

SIMONE
ROVERA
P. 31

PIERRE
SAUMARD
P. 118

GRÉGORY
SOKOL
P. 47

JÉRÔME
THOMAS
P. 51, 56, 90, 106

KEVIN
VEYSSIÈRE
P. 61

NICOLAS
VILAS
P. 36

ZAVEN
NAJJAR

ZAVEN
NAJJAR

LA FOOTBALISATION DE LA POLITIQUE

Depuis le début du XXe siècle, la récupération politique du football est un classique. Désormais, un phénomène nouveau et plus subtil se fait jour : la footballisation de la politique.

PAR **THIBAUD LEPLAT**

« Il faut toujours dire ce que l'on voit : surtout il faut toujours, ce qui est plus difficile, voir ce que l'on voit » disait Charles Péguy dans *Notre jeunesse*

Un jour, le 4 septembre dernier, c'est Arnaud Montebourg qui monte sur le praticable de la salle des fêtes de Clamecy. Il a le visage satisfait de celui qui a bien préparé son coup. Son slogan, « la Remontada de la France », entend synthétiser son projet – une relance économique du pays – et sa campagne – le retour dans le jeu politique de l'éternel espoir socialiste. Mais à Paris, ça ricane. Du côté politique, on rappelle que c'est d'abord dans les sondages qu'il faudrait remonter. Du côté sportif, on raille la référence. La remontada, c'est surtout le nom donné à une humiliation française. Parisienne, plus exactement. Un soir de 2017 à Barcelone.

Un autre jour en France, le 14 octobre, c'est l'histoire d'un président de la République arborant le numéro 3 (de la Sainte Trinité, sans doute) et descendant sur les terrains de banlieue parisienne, au stade de Poissy, pour y disputer un match au bénéfice de la fondation Pièces jaunes en compagnie du Variétés Club de France présidé, faut-il le rappeler, par le neveu (par alliance) du général de Gaulle himself, Sa Majesté Jacques Vendroux. Le président joue contre des soignants de l'hôpital de la commune, tout en promettant 500 millions d'euros pour faire de la France une « nation sportive », clame-t-il. Soyons honnêtes, les images du penalty marqué par Macron sous les vivats de ses adversaires et la contribution non négligeable du gardien sont aussi hypnotiques que gênantes. D'où vient le malaise ? Des commentaires sur BFM, alternant considérations tactiques et analyse politique ? Peut-être. Macron joue « milieu défensif », y insiste-t-on, pour éviter peut-être le terme qui fâche. C'était pourtant bien le talent d'un « récupérateur » qu'il eut fallu saluer.

D'un point de vue administratif, historique ou moral, le football est le centre émotionnel de la vie démocratique.

LE POUVOIR DU FOOTBALL

L'amateur de football est habitué aux manœuvres de ceux qui font semblant de s'y connaître et ne peuvent s'empêcher de tirer des conclusions et un bénéfice politiques de quelques résultats sportifs bienvenus. À force, il a fini par la voir arriver de loin, la fameuse « récupération » et y être devenu insensible. En 1998, avec l'équipe de France « black-blanc-beur », il s'agissait d'admirer le modèle multiculturaliste en vogue à l'époque.

En 2010, avec Knysna, il convenait de s'indigner, cette fois des mœurs des « caïds immatures » de Roselyne Bachelot. La politique française regorge de controverses ayant pris le football pour objet. Il serait trop long de rappeler ici les innombrables querelles sur les épidermes des joueurs français (1996), les Marseillaise sifflées (2001, 2002, 2007, 2008), la non-sélection de Karim Benzema (2016), le retour du même Benzema en équipe de France quelques années plus tard (2021).

On ne rappellera pas non plus le rôle des grandes compétitions sportives (Coupe du monde, JO, Euro...) censées offrir un récit collectif alternatif (et quelques médailles) à des citoyens atomisés le temps d'une compétition fragile. On parle de Paris 2024 comme on parlait autrefois de la IIIe Internationale ou de Vatican II. Plus les grands récits collectifs français s'effritent (communisme, église, gaullisme...), plus le football offre un nouveau rivage à la lente sédimentation collective qu'on appelle la nation.

Précisons que l'instrumentalisation politique n'est pas le fait des seuls Français, ni propre à notre époque – c'est bien pour satisfaire les dieux que les Grecs ont organisé les premiers JO. L'alliance entre football et politique est non seulement naturelle, historique, mais elle est philosophiquement incontournable. Jorge Valdano, témoin de la Coupe du monde des généraux argentins en 1978, à quelques centaines de mètres de leurs salles de torture, a synthétisé récemment, d'un syllogisme élégant, cette idée importante : « La popularité est devenue une valeur. Or, il n'y a rien de plus populaire que le football. Donc, si la popularité donne le pouvoir, alors le football donne le pouvoir. »

Septembre 2021, mairie de Clamecy : Arnaud Montebourg se déclare candidat à la présidentielle.

La fameuse passe sanitaire !

14 octobre 2021 : le président Emmanuel Macron participe au match de Gala du Variétés Club de France.

HISTOIRE D'UNE USURPATION

Admettons que si la récupération n'est pas toujours heureuse, la métaphore footballistique, en revanche, est efficace. On voit très bien où Montebourg veut en venir en déclarant que « quand la partie semble perdue, il est possible de réussir ». On a presque envie d'être d'accord avec lui quand il décrit « un projet qui ressemble à un désir profond, qu'on croit inatteignable, mais que par notre effort nous pouvons parfaitement concrétiser : la remontada de la France ».

Mais à Poissy, Macron va plus loin. Il franchit un cap quand il évoque son travail de président-coach chargé de mobiliser les sportifs en vue des JO de Paris en 2024. Le président à crampons renonce à la métaphore. Il se charge de motiver lui-même ses troupes : « On a tiré le bilan et remobilisé. C'est ce que font tous les coachs, chaque jour, avec leur équipe, c'est ça

Mais une chose est un match de football, une autre est l'élection présidentielle.

le sport de haut niveau. » Le président ne déduit pas du sport une fable politique ou morale. Ça, c'est le discours du politique d'avant, qui tâchait de surfer sur une Coupe du monde pour glisser la tête sur une ou deux photos et d'en profiter pour passer son message.

Désormais, il n'y a plus de métaphore qui vaille. C'est que l'image s'est substituée à l'objet. Dans cette nation devenue équipe, la vie démocratique est un match et le chef de l'État le coach de la France. Il ne préside plus, il entraîne. Il ne dirige plus, il motive. Le président a beau jeu de vouloir « mettre le sport au cœur de la nation » à la faveur d'un grand plan d'investissement dans les infrastructures annoncé le même jour. C'est déjà le cas depuis un moment. La politique ne ressemble plus au football. La vie politique, c'est le football mais par d'autres moyens.

Cette fois, ce n'est pas le football qui se politise. C'est le contraire : c'est la politique qui se footballise.

L'ÉQUIPIER DU MOIS

Le phénomène est d'ampleur et récent. Depuis la chute du Mur (soit dit en passant, on n'a jamais parlé de « match » entre les États-Unis et l'Union soviétique) et la fin des idéologies du XXe siècle, le vocabulaire politique emprunte quelques concepts au sport, au football en particulier. Les débats sont devenus des « duels », les objections des « tacles », les candidats des « champions », les militants des « supporters », les recommandations d'une juridiction des « cartons jaunes » et, donc, les projets de réforme industrielle des

« remontada » et les présidents des « coachs ». Il ne s'agit pas de regretter mais de décrire, en se posant cette question en forme de paradoxe : de quelle puissance dispose le football pour inspirer à ce point le pouvoir politique ?

Risquons une hypothèse à deux branches. D'abord, c'est une évidence, le vocabulaire du football a l'avantage de la clarté et jouit à ce titre d'une popularité croissante dans le monde politique, médiatique et entrepreneurial. Combien de séminaires consacrés au « team-building » ? Combien de petits chefs autoproclamés « coachs » ou « managers » ? Combien de salariés consacrés « équipiers » ? Mettons-nous un instant à leur place. C'est vrai qu'il est plus simple de parler d'« un carton jaune » pour évoquer les recommandations contraignantes du Conseil constitutionnel ou de l'inspection du travail. C'est vrai aussi que la figure de « l'arbitre » suffit à expliquer le travail de mise en commun, de délibération puis de décision du « coach » de la nation, comprenez le président de la République française.

UN PAYS DE FOOTBALL QUI N'AIME PAS LES FOOTBALLEURS

Daniel dit souvent que la France n'est pas un pays de football. Il n'a qu'à moitié raison. La France est bien un pays de football mais, comble de la contradiction, un pays de football qui n'aime pas les footballeurs. Elle s'est donc emparée du football, de sa mythologie, de son langage, de ses symboles, pour les retirer de la boue de laquelle ils sont nés et les transposer dans le champ politique. C'est en période d'élection présidentielle que l'usurpation apparaît au grand jour. Le football de la France, en réalité, c'est la campagne présidentielle.

Il faut dire que pour un leader en campagne, le football représente un inépuisable réservoir d'énergie vitale. Ses émotions, ses mouvements unanimes, sa loyauté érigée en valeur suprême, voilà des qualités qui valent très cher dans le champ politique. Or, on l'a dit, les grandes passions françaises ne sont plus politiques, elles sont sportives. La faute, d'une part, à l'effondrement des grands récits idéologiques, de l'autre à un détournement plus subtil et plus préoccupant.

Car en remplaçant la politique par le football, on a simplifié à outrance la complexité des rapports politiques. On n'a pas seulement remplacé les élus par des « champions ». On a aussi changé des citoyens en « supporters ». Or, le supporter ne pose pas de question, ne vote pas de motion de censure, ne tergiverse pas. Il supporte, inconditionnellement. Le citoyen, c'est plus compliqué. Il discute, revendique, pinaille. On ne peut jamais compter sur lui.

Convoquer le vocabulaire footballistique dans le cadre politique ne relève donc pas d'un simple emprunt métaphorique. C'est admettre, par l'exemple, que la vie politique a définitivement changé de nature. Il n'y est plus question de concilier des intérêts contradictoires à travers la discussion éclairée, ni d'administrer les désaccords en vue du bien commun. En plaçant la loyauté inconditionnelle au sommet de la hiérarchie (valeur suprême du « supportérisme »), la politique « footballisée » tend à réduire la délibération collective qui fonde une élection démocratique à un derby perpétuel entre factions irréconciliables. L'intérêt général ? Une vulgaire querelle de tribunes. La définition du bien commun ? Une simple affaire de banderoles.

L'organisation de la Cité (et de toute communauté humaine) ne commence pas au coup de sifflet, mais une fois le match terminé. C'est au moment précis où la rencontre a été perdue ou gagnée que la politique peut et doit commencer. On a chacun nos vieilles loyautés, c'est vrai. Parfois, on s'enflamme ou on s'agace. Mais les appartenances individuelles ne sont pas tout. Éclairé par la raison commune on peut également être supporter d'une idée désuète mais profonde : l'intelligence. ■

Thibaud Leplat
vit à mi-chemin du football et de la philosophie. Enseignant en philosophie à Sciences Po, il est l'auteur de nombreux ouvrages sur le football.

19 avril 2021 ; les supporters d'Arsenal protestent à Londres contre la Superligue.

LA GUERRE MONDIALE DU FOOT

Clubs, fédérations, instances internationales, chacun avance ses pions, sécurise ses positions et tente de façonner le football comme il l'entend, mais les batailles se sont longtemps livrées à huis-clos. Jusqu'à ce dimanche soir 18 avril 2021 où la Superligue a révélé au public combien elles sont violentes.

PAR **LÉO HEREDIA**

Le petit monde du football est à l'aube d'une révolution majeure. Le jeu, et l'industrie qui s'agite autour, ne tournent plus rond. Oui, les audiences baissent. Oui, l'intérêt pour le spectacle décroît. Le foot fatigue, le nier serait stupide. Chacun tente d'apporter des solutions qui forcément empiètent sur les plates-bandes de l'autre. « Il faudrait éviter de parler de guerre quand on parle de football et quand le monde souffre d'une pandémie sans précédent », s'indignait Gianni Infantino en mai dernier, reprochant à Aleksander Ceferin ses envolées martiales. Et pourtant, la guerre est réelle, qui oppose principalement le premier au second, la FIFA à l'UEFA, chacun avec ses alliés, pour tenter de mettre la main sur l'ensemble du football.

Vous reprendrez bien un peu de football, non ? Un énième France-Finlande ou un petit Zénith-Malmö ? Les réponses de la FIFA et de l'UEFA à la crise ont ceci de commun qu'elles proposent plus de matchs, toujours plus de matchs. A l'origine de l'inflation, le besoin impératif qu'ont les présidents des instances de s'assurer le soutien des petites fédérations pour rester en place. Étrangère aux calculs politiques, la Superligue limitait certes l'accès à la fête, mais garantissait au moins des affiches de qualité.

La stratégie de l'UEFA repose sur l'inflation de la médiocrité. L'instance européenne a ainsi lancé deux compétitions de second rang : la Ligue des nations, qui remplace les matchs amicaux de préparation, mais

Les réponses de la FIFA et de l'UEFA à la crise ont en commun de proposer plus de matchs, toujours plus de matchs.

rajoute *in fine* des dates au calendrier ; la Ligue Europa conférence, une C4 qui donne un goût de rêve européen à bas coût aux pays de l'Est et aux équipes moyennes d'Europe occidentale indignes de la C3. La prochaine refonte de la C1, avec le système suisse, doublera le nombre de confrontations à l'intérêt sportif très limité. Encore plus de Sheriff Tiraspol-Chakhtar Donetsk, encore plus de Sporting Portugal-Besiktas. Nations League, Conference League et système suisse, trois compétitions illisibles sur le papier et impropres à raviver la passion pour le football.

La stratégie de la FIFA, c'est l'inflation de l'exceptionnel, au risque de galvauder le produit. Il y a bien sûr le passage à une Coupe du monde et à des coupes continentales tous les deux ans. Mais il y a surtout le projet d'une Coupe du monde des clubs tous les ans, en janvier, avec 24 participants, qui bloquerait automatiquement trois semaines dans le calendrier et aurait un impact sur les coupes nationales. Le projet de la FIFA consiste à remettre de l'ordre là où, d'après elle, l'UEFA est allée au-delà de ses compétences. Le calendrier est la clé pour permettre au supporter de s'y retrouver et remettre l'industrie sur pied : en août, septembre, novembre, décembre, février, avril et mai, priorité aux clubs ; en octobre et mars, aux sélections nationales, en qualifications resserrées ; en janvier à la Coupe du monde des clubs ; en juin aux compétitions internationales, en année paire au Mondial, en année impaire à l'Euro, à la Copa America ou à la CAN ; en juillet, repos et cinq semaines de congés payés, comme pour tout travailleur. Sur la table de la FIFA, on trouve également le projet de superligues continentales, six au total. *Adiós* la Libertadores, au revoir la Ligue des champions de la CAF – la Superligue africaine est en bonne voie. La Superligue européenne, elle, attendra. Pour l'instant. L'objectif est une refonte complète du système foot. Il va falloir affûter les éléments de langage pour convaincre que « plus de foot » représente la solution au « trop de foot ».

Que la FIFA ait pu soutenir un projet destiné à renverser la principale compétition de clubs révulse Čeferin, dont on devine pourtant qu'il en a vu d'autres.

AU-DELÀ DE LA HAINE

Dans le football comme en politique, les rancunes sont tenaces et les alliances de circonstance. L'apparente union sacrée du football du mois d'avril contre la Superligue a volé en éclat. En réalité, le front uni n'a jamais été qu'une façade. En janvier, lorsque les brouillons du projet fuitent jusqu'à Ceferin, ce dernier ordonne à Infantino de s'y opposer publiquement, sous peine de le faire apparaître comme complice de la machination. Dans le même temps, Javier Tebas, le président de la Liga espagnole, affirme avec beaucoup moins de réserves que la fédération internationale complotait avec les clubs à l'origine de la nouvelle compétition, puisqu'on trouverait dans ses documents la mention « WO1 », pour World Organization 1, autrement dit FIFA. Que la FIFA ait pu soutenir un projet destiné à renverser la principale compétition de clubs révulse Ceferin, dont on devine pourtant qu'il en a vu d'autres. Le pénaliste slovène est un tueur, métaphoriquement parlant. Il ne négocie pas, il humilie et manie le verbe dur, en public comme en privé. Infantino est plus diplomate, mais tout aussi déterminé. Quand Ceferin menace de sanctions les clubs fidèles à la Superligue, Infantino tempère : « Il faut toujours faire attention quand on parle de sanctions. De quelles sanctions parle-t-on ? C'est vite dit qu'il faut punir (...) Et surtout, il faudrait éviter de parler de guerre quand on parle de football et quand le monde souffre d'une pandémie sans précédent. » La guerre, encore et toujours.

La haine entre Infantino et Ceferin est ancienne. Le projet Wenger, qui veut diviser par deux le nombre d'années entre deux compétitions mondiales ou continentales, l'a ravivée, car la réforme signerait, notamment, la fin de la Nations League, une compétition dont la FIFA a voulu la peau dès sa création,

Accolades en juin 2019 entre le président de l'UEFA Aleksander Ceferin et Gianni Infantino, tout juste reconduit à la présidence de la FIFA.

Le Parrain 4.

estimant qu'elle était en dehors du cahier des charges de la confédération européenne. L'Italien ne reconnaît plus l'UEFA qu'il a laissée et le Slovène conteste les prérogatives de l'organisation internationale. En décembre 2019, Gianni Infantino avait hébergé la création de l'Association mondiale des clubs présidée par Florentino Pérez. Cette association, miroir de l'European clubs association (ECA) au niveau international, devait servir d'intermédiaire entre la FIFA et les clubs, en vue de la future Coupe du monde des clubs. Le président de l'UEFA avait interprété la naissance de ce nouvel acteur comme les prémices de la Superligue et une manœuvre pour lui nuire. Les clubs ne passeraient plus par l'ECA, mais par cette nouvelle organisation, sur laquelle il n'a pas la main.

Dans la bataille du Mondial tous les deux ans, chacun compte ses soutiens. Infantino a l'Afrique et l'Asie, qui constituent le gros de ses troupes. Surtout, il peut compter sur l'Arabie Saoudite, principal concurrent du Qatar, meilleur allié de Ceferin à travers le PSG. Il n'est pas sûr que l'UEFA fasse le poids face à la promesse des revenus générés par un Mondial. Et la FFF ? On ne connaît pas précisément sa position. Depuis juin 2021, la France accueille dans l'hôtel de la Marine, place de la Concorde, l'antenne de la FIFA. Ce serait le soutien clair d'une grande fédération à un projet, porté de surcroît par un Français, Arsène Wenger, célébré du côté de Zurich. Pour l'instant, Noël Le Graët temporise, mais il devra choisir un camp.

PSG-CITY, LES CLUBS QUI NE VOULAIENT PLUS DE LA SUPERLIGUE

Ce 9 septembre 2021, la photo de famille est touchante. Au premier rang de la Convention sur le futur du football européen, on trouve Margarítis Schinás, commissaire européen chargé de la promotion du mode de vie européen. Il est assis à côté du président de l'UEFA. À chaque extrémité, aussi éloignés que possible l'un de l'autre, Javier Tebas et Nasser al-Khelaïfi, le président du PSG et de l'ECA. C'est peu dire que ces deux-là ne s'aiment pas. Mais ils ont un ennemi commun, la Superligue. Ce qui se dit ce 9 septembre a peu d'importance : la photo d'un foot européen uni vaut tous les communiqués du monde.

Javier Tebas craint que la Superligue n'abîme encore plus une Liga sans stars et à l'avenir incertain, au risque de mener une guerre sans fin contre les deux géants qui en font l'attrait, et par conséquent la valeur, le Barça et le Real. Si, pour survivre, Ceferin a besoin de la majorité des 55 fédés européennes, Tebas, lui, a besoin de la majorité des 42 clubs pros espagnols. Il peut en revendiquer 39. Son obsession anti-Superligue l'a même conduit à provoquer le départ d'une figure de la Liga, Lionel Messi.

Début août, Tebas, dont les clubs espagnols souffrent d'un manque de liquidités, boucle à la hâte un plan de financement avec un fonds luxembourgeois, CVC Capital Partners : 2,7 milliards d'euros tout de suite, en échange de 10 % de la société commerciale qui gérera les droits télé, soit une participation aux bénéfices pendant... 50 ans. Vendre son âme au diable eut été une meilleure opération. CVC a déjà tenté le coup avec la Bundesliga et la Série A, qui, horrifiées par les conditions, ont refusé. Tebas et les clubs espagnols, désespérés, signent des deux mains, sauf trois clubs détenus par leurs socios, le Barça, le Real et l'Athletic Bilbao. Tebas est prêt à tordre le fair-play financier (FPF) de 70 % de la masse salariale pour y faire entrer au chausse-pied le salaire de Messi, en échange d'un « oui » du Barça pour le deal CVC et la promesse de renoncer à la Superligue. Pour Joan Laporta, le président du club catalan, le choix est simple et cruel : soit CVC et Messi, soit la Superligue et pas de Messi. Finalement, ce sera Messi au PSG et peut-être, un jour, la Superligue. Avec ou sans les Parisiens ? L'honnêteté de la communication directe et franche de Laporta sur l'état du club plaît, mais elle n'invite pas au rêve. Dans la future reconstruction du club, la Superligue est stratégique. « C'est une nécessité », affirme Laporta. C'est même plus que ça, la garantie de maintenir le modèle du club appartenant à ses socios et de pouvoir tenir tête à City et Paris.

«
Une fois ce papier incroyable lu, passer direct à l'interview de Michel Platini, page 76. »

Nasser al-Khelaïfi a longtemps joué sur les deux tableaux, UEFA et Superligue. Jusqu'au moment où Paris a réalisé que l'assouplissement, voire l'abandon du fair-play financier lui assurerait un avantage décisif sur les clubs dits traditionnels, davantage frappés par la crise du Covid que ceux que soutient un État comme le Qatar. Le mercato de l'été 2021 est un exemple frappant. Embarqué parmi les 12, City a renoncé à la Superligue sous la pression du gouvernement britannique, mais aussi parce que le club mancunien a été appâté par un éventuel relâchement des règles. « Il y avait un club qui n'était plus très intéressé », commentera sobrement Florentino Pérez. PSG et City, les deux clubs qui avaient fait l'objet de procédures dites FPF, l'un de l'extérieur, l'autre de l'intérieur, torpillent un projet dont l'incarnation se résume à Florentino Pérez, quand tous ont signé quelques heures auparavant un accord engageant et contraignant.

Le soutien de Nasser al-Khelaïfi à Ceferin lui a rapporté la présidence de l'ECA et une influence inespérée sur l'ensemble du football européen. On est passé du « soft power » au « power » tout court. Le Qatarien, dont la diplomatie n'est pas le fort, va devoir travailler la forme. Lui qui séchait les réunions de la Ligue 1 et ne s'abaissait jamais à participer aux assemblées générales avec le petit peuple du football français va devoir composer avec les ligues européennes, les clubs, les fédés... au moins jusqu'au grand rendez-vous de novembre 2022. Il se dit qu'une fois passée l'échéance du Mondial au Qatar, la Superligue pourra redémarrer et que, débarrassé des intérêts géopolitiques, tout sera plus simple. À voir. D'ici là, un juge européen aura sans doute tranché : est-il possible de créer une compétition européenne de football en dehors de l'UEFA et de mettre ainsi fin à un monopole vieux de plus de soixante ans ? Si c'est oui, alors, pour la première fois, le pouvoir reviendra aux clubs.

Pourquoi ce qui est bon pour le football africain d'après la FIFA serait mauvais pour le football européen ?

Mais, au-delà, pourquoi ce qui vaut pour le basket ne vaut-il pas pour le football? Pourquoi ce qui est bon pour le football africain d'après la FIFA serait mauvais pour le football européen? Une chose est sûre, en cette fin d'année 2021, c'est que le football européen, si prompt à revendiquer son identité en se frappant le torse, n'a plus grand-chose d'Européen. Son centre de gravité a définitivement migré vers le Golfe. Le commissaire européen en charge du mode de vie européen défendait, le 9 septembre, devant un al-Khelaïfi ravi, un modèle du sport « gratuit, libre, solidaire, étranger au profit et au pouvoir, pour tous et pas pour une petite élite ». Défense de rire.

FOOTBALL FOR THE FANS, REALLY?

Il y a ceux qui vivent le football et ceux qui vivent du football. Dans la première catégorie, les supporters, qui consomment billets, maillots et abonnements télé, et les propriétaires historiques, qui doivent sans cesse remettre au pot pour maintenir à flot leurs écuries. Les Agnelli en sont le plus bel exemple. Dans la deuxième catégorie, tous les autres: agents, intermédiaires, représentants d'instances et joueurs, bien sûr. Cela fait beaucoup de monde. Ce qui compte, ce n'est pas la voix des supporters, mais bien la voix du représentant polonais ou danois.

Chaque année, l'UEFA engrange un peu plus de 3 milliards d'euros. Sur ces 3 milliards, 130 millions seulement vont aux revenus de solidarité des 55 fédés européennes. De quoi refaire quelques pelouses aux îles Féroé et en Transnistrie, mais à peine plus. La UEFA Foundation for children, qui, dès cette année, s'affiche fièrement sur la manche des équipes de Ligue des champions, a dépensé 5,5 millions d'euros en 5 ans, tout juste plus d'un million par an. À l'UEFA, la charité s'affiche sur les comptes Twitter, pas sur les bilans financiers. « L'égoïsme a remplacé la solidarité. L'argent est devenu plus important que la victoire, la cupidité plus que la loyauté », dénonce le président de l'UEFA, qui émarge à 2,2 millions par an, plus de deux fois le montant alloué à sa fondation pour les enfants.

Il suffirait de presque rien pour que les uns et les autres enterrent la hache de guerre. Une meilleure répartition des revenus entre l'UEFA et les clubs pourrait satisfaire les aspirations de chacun. Innocemment, la Superligue proposait dès le début de s'asseoir à une table et de négocier. Seulement voilà, s'il ne s'agissait que d'argent, la solution serait simple. C'est de pouvoir qu'il est question, et de la volonté farouche de mettre l'adversaire à genoux. Tebas et Ceferin sont de la même école de com': on pilonne tous les jours et à toute heure jusqu'à faire sauter les derniers ponts. C'est gros et ça tâche. Leur agitation est souvent interprétée dans le milieu comme de la nervosité. Quand on est sûr de gagner, on ne se débat pas.

La face du foot va changer. Le Mondial tous les deux ans est quasiment acquis. La communication par vagues d'Infantino fera son œuvre: d'abord le ballon d'essai, puis la figure, Wenger, puis le sondage, qui installe l'idée, puis la centaine de fédés prêtes à avancer et à valider le projet en congrès. Quant aux clubs de la Superligue, ils n'ont pas abandonné, malgré la réintégration des neuf « repentis » dans l'ECA. En avril, l'UEFA remportait haut la main la bataille médiatique. Depuis, l'instance européenne a perdu toutes les batailles juridiques (au point de devoir abandonner les poursuites contre les clubs rebelles) et certaines batailles d'opinion, après un Euro entaché de polémiques. Et si la Superligue était vraiment morte, pourquoi Ceferin la ressusciterait-il en l'attaquant chaque semaine? Un « juge de paix » européen, dont on ne connaît ni le nom, ni le prénom, tient entre ses mains une partie de l'avenir du football mondial. Verdict à venir, à l'été 2022. En attendant, le football, ce n'est pas la guerre poursuivie par d'autres moyens, comme on l'a écrit jusqu'à la nausée. Le football, c'est la guerre tout court. ■

Léo Heredia
Léo Heredia est conseiller en communication. Spécialiste du football espagnol, il travaille depuis plusieurs années pour les instances et acteurs du secteur.

INFANTINO

L'ARCHITECTE DU CHAOS

Les règlements sont à la FIFA, le foot est à l'UEFA. » Cet adage entendu sur les bords du lac de Genève où siège la confédération européenne résume la fracture entre les deux plus puissantes instances du football mondial. À travers l'International Football Association Board (IFAB) (1), la FIFA dicte les règles du jeu. Elle en est l'architecte. Si un jour il est décidé de supprimer le hors-jeu ou qu'un tir de 30 mètres vaut « deux points », ce sera du seul fait de la FIFA. Les six confédérations régionales (2) et leurs associations devront soit baisser la tête, soit engager un bras de fer douloureux. Et l'unique perdant en sera le football.

Nous n'en sommes pas là. Mais le projet d'une Coupe du monde bisannuelle, celui d'une Coupe du monde des clubs à 32 équipes, comme les soupçons de connivence avec les clubs sécessionnistes de la Superligue qui pèsent sur Gianni Infantino, sont un signal d'alarme : le football est au bord de l'implosion.

Comment en sommes-nous arrivés là ? Pour le comprendre, il faut convoquer l'histoire et expliquer comment la

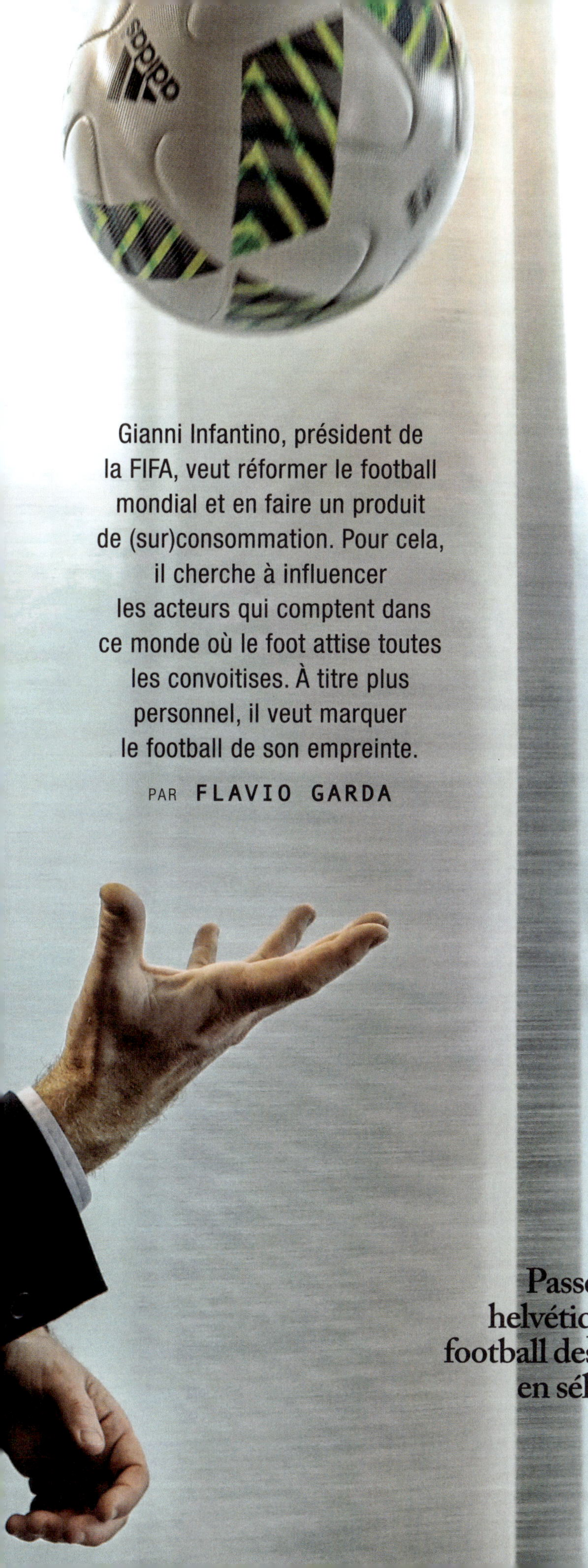

Gianni Infantino, président de la FIFA, veut réformer le football mondial et en faire un produit de (sur)consommation. Pour cela, il cherche à influencer les acteurs qui comptent dans ce monde où le foot attise toutes les convoitises. À titre plus personnel, il veut marquer le football de son empreinte.

PAR **FLAVIO GARDA**

FIFA influence ses ouailles. Il faut aussi donner du sens aux volontés de son président actuel. Le pouvoir ou l'argent (il perçoit une rémunération d'environ 3 millions de francs suisses bruts par an, soit 2 790 000 €), quelles sont les vraies motivations de Gianni Infantino ? Pourquoi veut-il tout changer ?

PLUS DIFFUSER POUR MIEUX RÉGNER

La FIFA ressemble à une reine désolée. Sa couronne ne luit que tous les quatre ans, grâce à « sa » Coupe du monde. C'est son joyau le plus beau, dont l'éclat irradie la planète. « La Poule aux œufs d'or », se délectait Sepp Blatter, président de l'instance zurichoise entre 1998 et 2015. Mais, passé le tournoi, le monarque helvétique hiberne, tandis que le football des confédérations turbine, en sélections comme en clubs. C'est ce dernier point qui, depuis 2016 et l'élection de Gianni Infantino à la tête de la FIFA, attise sa convoitise. Les compétitions de clubs, sur les six continents, mais principalement en Europe avec la Ligue des champions, pèsent sur les retombées financières des confédérations, autant que les tournois de sélections qu'elles organisent. L'impact économique du foot est devenu plus continental, moins mondial.

Aux yeux du patron de la FIFA, cette situation représente un déséquilibre financier – l'UEFA capitalise plus d'argent que la FIFA – mais pas seulement. Sur l'échelle mondiale, les 250 kilomètres de route entre Zurich et Nyon, sièges respectifs de la FIFA et l'UEFA, renvoient

Passé le tournoi, le monarque helvétique hiberne, tandis que le football des confédérations turbine, en sélections comme en clubs.

à une lutte de prestige – une conception toutefois très zurichoise. À la suite des annonces de Gianni Infantino, cette route, ligne de dissensions historiques, est très abîmée. Infantino a dévasté à coups de TNT le sillon qu'exploitait avec roublardise son prédécesseur.

Président de la FIFA pendant 17 ans, secrétaire général de l'instance de 1981 à 1998, Sepp Blatter avait pour lui de respecter l'équilibre entre le football des clubs et celui des sélections. Par opportunisme d'abord, puisque sa réélection dépendait du vote des 211 fédérations membres et que leurs clubs, administrés ou non par une ligue domestique, n'avaient pas voix au chapitre ; par prudence ensuite, puisqu'il comprenait, malgré les provocations et les disputes récurrentes avec l'UEFA, qu'il valait mieux éviter de revoir la distribution des cartes : à la FIFA les règlements et la Coupe du monde, formidable outil politique de surcroît ; à l'UEFA le foot de clubs, les emmerdes qui vont avec (G14 puis ECA) et les 25 % environ de voix pour les élections du patron du foot mondial. L'équilibre était tenu. Et ce n'est pas la Coupe du monde des clubs, seul tournoi de clubs organisé par la FIFA, qui faisait de l'ombre aux compétitions continentales.

DU CASH POUR SIMPLIFIER LES DISCUSSIONS

Hors du terrain, s'est joué et se joue toujours un autre sport, élevé au rang d'art sur l'échiquier poli-

Genre il y a du foot aux îles Cook ?

68e congrès de la Fédération internationale de football à Moscou, en Russie, le 13 juin 2018.

tico-financier de la FIFA. Moins complexe à cerner qu'il y paraît, il se fonde sur une règle, capitale pour comprendre la superbe mécanique zurichoise: pour élire le président de la FIFA, chaque fédération vaut une voix. Macao a le même poids que la France, le Tonga que le Brésil. Il suffit d'identifier la nationalité des membres des commissions de l'instance internationale, presque tous issus de fédérations, de se munir d'un atlas géopolitique et d'y trouver le revenu moyen dans les 211 pays membres de la FIFA pour gratter le vernis.

Longtemps, la FIFA a réglé en cash – vous lisez bien – toutes sortes de prestations pour ces missionnés ou élus. Un jeu d'enfant: une feuille de mission A4, un intitulé de poste, le nombre de jours de travail effectués. Le coffre s'ouvrait, une liasse de dollars en était extraite et passée au compteur de billets. Une signature en guise de reçu, un élastique pour réunir les coupures. « Merci et bon retour chez vous » – en business ou en première. Rien à déclarer à la douane, moins encore au fisc. Simple, basique.

En 2020, le salaire annuel moyen du Ghana était de 2 200 $ (1 900 €). En 2020 toujours, la rémunération annuelle du président de la Commission de discipline, M. Anin-Yeboah, originaire du Ghana, a été de 160 000 $ (environ 137 850 €). À cela s'ajoute évidemment sa rémunération de magistrat au pays. Qui, dans ces conditions, privilégierait l'intérêt général? Qui est assez naïf pour le croire? La rémunération des membres de commissions (hors présidents et vice-présidents) oscillait entre 150 $ et 300 $ par jour, des gains cumulables, c'est-à-dire non « forfaitisés » à une seule mission, lesquelles sont nombreuses, puisque le soleil ne se couche jamais sur l'empire du ballon rond. Ajoutez-y les généreux programmes de développement destinés aux fédérations, et vous comprendrez que l'œcuménisme de la FIFA n'est jamais désintéressé.

Avec ces rémunérations à six chiffres par an pour les plus haut-gradés, c'est un tsunami de cupidité qui s'abat sur élus, membres des commissions ou simples prestataires. Là où un Européen s'offre, *a minima*, une montre de luxe réglée rubis sur l'ongle en cumulant

Avec ces rémunérations à six chiffres par an pour les plus haut-gradés, c'est un tsunami de cupidité qui s'abat sur élus.

les missions ou en occupant le poste de président d'une commission, un ressortissant d'un pays africain, des Caraïbes, d'Océanie ou de certaines régions d'Asie se paye une voiture de sport ou agrandit sa villa. Les virements ont succédé aux billets à la fin des années 2000, mais le système demeure.

Le pouvoir obscur de la FIFA ne se cache pas dans une usine à gaz. Il obéit même aux codes du travail. La FIFA rémunère grassement ses missionnés, couvre de bonus et autres avantages ses élus. Il récompense même leurs épouses, accompagnatrices – « forfaitisées » à 500 $ par jour d'argent de poche en 2007, par exemple. Rien n'est illégal. Alors ? Alors… à l'échelle de l'économie mondiale, le delta de revenus entre riches et pauvres est proportionnel à l'impact que ces revenus exercent sur eux. Le trafic d'influence est implicite. Et si par malheur Monsieur résiste, Madame lui parlera de son train de vie. Nul besoin de corrompre et de prendre le risque de se faire coincer. S'il y a corruption, c'est par d'autres voies – comités de candidatures, avantages en nature, etc.

Le prestataire chargé de valider le bilan comptable annuel, la société KPMG, n'a jamais eu de problème de vue, qui a toujours validé les comptes de fin d'année. Son successeur, PwC, fait de même. Ainsi bat le cœur du système : un formidable jeu de trafic d'influence ou, pire, de corruption passive.

Le tremblement de terre de l'été 2015 et la chute spectaculaire de Sepp Blatter n'y ont rien changé. Mais ils ont un temps fait vaciller l'édifice.

L'effondrement de la gouvernance de la FIFA a mis en lumière les agissements de certains élus poursuivis par le fisc américain. À force de tutoyer rois, reines, présidents, dictateurs et hauts dirigeants de tous les pays, la FIFA a négligé, à dessein, le fait que football et politique ne font pas bon ménage. Rattrapée par ses casseroles, elle était dans l'obligation de se refaire une virginité, sous peine de tomber sous le coup de la justice suisse, laquelle menaçait de prendre le contrôle administratif si le ménage de printemps n'était pas réalisé à grands seaux de javel.

« Infantino, preuve vivante que maîtriser les chapeaux des tirages au sort mène au sommet. 😁 »

C'est le cabinet d'avocats américain Quinn Emanuel, chargé d'enquêter en interne et de servir d'intermédiaire pour la justice américaine, qui a piloté l'année de transition, jusqu'en 2016, année de l'élection. Dans l'intervalle, le candidat officiel et président de l'UEFA, Michel Platini, a été banni pour une affaire de contrat de travail et de rémunération, du temps où il collaborait avec la FIFA. Une affaire qui en disait davantage sur les approximations du triple Ballon d'or dans la gestion de ses affaires qu'elles ne traduisaient une (prétendue) malhonnêteté, dont ses adversaires zurichois, nombreux, entretenaient pourtant la rumeur en coulisses.

Platini éjecté, le trône vacant du football mondial va accueillir un successeur inattendu. Un avocat. Le Secrétaire général de l'UEFA, Gianni Infantino. Un homme qui ne cachait pas son allergie au football féminin ou à la FIFA lorsqu'il défendait les intérêts de l'UEFA. L'ombre de Platini plane sur cette élection qu'Infantino lui a étrangement volée. Mais elle ne pèse plus d'aucun poids.

REVANCHE ET AMBITIONS

Que se trame-t-il dans l'esprit de cet homme issu du corps administratif ? Seuls ses proches ou de fins observateurs auraient pu deviner que sa soif de pouvoir était à la hauteur de sa soif de revanche. En devenant son neuvième président, Gianni Infantino va utiliser cette machine politique redoutable qu'est la FIFA. Plus encore : il va se muer en architecte fou d'un sport aux règles pourtant si bien élaborées qu'elles n'avaient jusque-là souffert d'aucune réforme, ou si peu.

À force de compter les tacles reçus au nombril, Infantino en a gardé une cicatrice, synonyme de rancœur.

À ce stade, une question se pose: Infantino a-t-il une motivation plus personnelle? Se venger de son ancien président? Jamais avare d'une vacherie en public, pire, d'une humiliation, Michel Platini le rabaissait, le cantonnant à son rôle administratif, à la marge du football lui-même. À force de compter les tacles reçus au nombril, Infantino en a gardé une cicatrice, synonyme de rancœur. Dans quelles proportions ce sentiment participe-t-il de sa stratégie? Les actions d'un homme, aussi élevée et prestigieuse soit sa fonction, se résument souvent à des raisons simples. Par exemple, comment expliquer autrement sa première grande réforme, laquelle ne lui promettait rien, ni financièrement, ni politiquement? L'introduction de l'arbitrage vidéo est autant une révolution qu'un prétexte. Comment ne pas y voir un majeur tendu bien haut en direction de son ancien patron, historiquement et farouchement opposé à cette réforme de l'arbitrage?

RENDEZ-VOUS SECRETS

La VAR installée, Infantino poursuit son œuvre: passer sur le corps du foot, l'équilibre entre les confédérations, disloqué à coups de promesses financières pour servir son immense ambition et sa soif de reconnaissance. Le foot se vend déjà si bien. Il se vendra mieux encore en tournant à plein régime, profitant de la course aux droits TV, aux sponsors, pour mieux engraisser les votants, comprenez les associations.

Seule ombre au tableau, sa mise en examen, l'an passé. Soupçonné par la justice de son pays d'avoir échangé en catimini avec le procureur général Michael Lauber de 2016 à 2017 (3), dans le cadre de dossiers brûlants sur la gestion de l'ancienne classe dirigeante de la FIFA (dont celui de la rémunération de Michel Platini), Infantino a reconnu les faits. Mais il récuse les motifs invoqués, principalement celui de collusion avec Lauber, représentant de la justice de son pays. Le président de la FIFA fait l'objet d'une procédure pénale depuis 2020. Le ministère public mène son enquête, à son rythme, bien que la révocation de Lauber ait fait grand bruit de l'autre côté du Jura.

La récente démission du procureur extraordinaire Stefan Keller, en charge de l'enquête sur Infantino et déjugé par le tribunal pénal en avril en raison de sa communication jugée trop partiale, suscite les commentaires sur le cours de cette procédure. Dans cet entre-soi suisse-alémanique qu'est la justice helvétique, les coulisses nourrissent fantasmes et doutes sur les manœuvres et l'ascension fulgurante d'Infantino à la FIFA. Savait-il pour l'affaire Platini avant qu'elle soit révélée? A-t-il profité de cette vacance extraordinaire du pouvoir en 2015 pour abattre ses cartes?

Pendant ce temps-là, Gianni Infantino accélère. Son projet de Coupe du monde bisannuelle pourrait bien aboutir. En divisant les œufs d'or de la poule en parts plus nombreuses, il consoliderait ses réélections futures; en se partageant le gâteau tous les deux ans au lieu de quatre, les fédérations seraient gavées, peu importe que le football en sorte charcuté.

Pour y parvenir, il dispose d'une formidable cash-machine, en tout point légale.

Un ancien haut-dignitaire de la FIFA, confident de Sepp Blatter, nous confiait il y a quelques semaines: « Quoiqu'un peu violente, l'image est juste: imaginez que le football et le président de la FIFA forment un couple. Eh bien, ce dernier est en train de forcer son épouse à une chirurgie plastique de mauvais goût pour la mettre ensuite sur le trottoir. Il n'aura plus qu'à relever les compteurs, tout en profitant, gracieusement, de sa plastique. » ■

1. Organe composé des quatre fédérations britanniques et de la FIFA, qui décide des lois du jeu.
2. AFC, CAF, CONCACAF, CONMEBOL, OFC et UEFA.
3. Rendez-vous « secrets », c'est-à-dire non inscrit dans les agendas respectifs, donc sans PV.

Flavio Garda
Depuis près de 20 ans, Flavio Garda collabore avec les instances internationales du football. Il a côtoyé les dirigeants, suivi leur ascension et leur chute. Il a également profité d'un système où le prisme de l'argent et du pouvoir déforme le réel.

DE LA BOMBONERA À LA CASA ROSADA

En Argentine, le football mène à tout et surtout au pouvoir, avec qui il entretient une longue et sulfureuse relation. Plus de 40 ans après que la dictature militaire a instrumentalisé le Mondial 78, la passion nationale reste un puissant outil politique au pays de Messi et de Maradona, où il peut conduire jusqu'à la présidence. Exemples.

PAR **GEORGES QUIRINO CHAVES**, À BUENOS AIRES

L'information est presque passée inaperçue. Il faut dire que ce 19 mai 2021, l'Argentine a un peu la tête ailleurs. Avec plus de 40 000 cas de Covid-19 et 494 décès répertoriés, le pays vient de connaître sa pire journée depuis le début de la pandémie. Et pourtant, dans un tout autre registre, ce mercredi d'automne restera gravé dans la tête des supporters de River Plate. Ce soir-là, leur milieu de terrain, Enzo Pérez, est contraint de garder les cages de l'équipe pendant toute la rencontre de Copa Libertadores. Ça n'empêche pas les Millonarios de s'imposer. Légendaire.

Au milieu de cette actualité chargée, seuls quelques médias s'intéressent à une autre information : à la mi-journée, dans le programme phare de la chaîne ESPN, le président de River Plate a confirmé ce que tout le monde soupçonnait depuis plusieurs mois : qu'il cultive une autre ambition que celle des terrains. « Vous aimeriez être président de la nation ? » lui demande le présentateur Sebastián Vignolo. En duplex depuis son bureau à l'Estadio Monumental, Rodolfo D'Onofrio, 72 ans, n'esquive pas : « Bien sûr ! Pourquoi pas ? » Sa carrière politique, explique-t-il, débutera en décembre, à l'heure où l'entrepreneur, qui a fait fortune, entre autres, dans les assurances et la gastronomie, laissera les commandes de River, après huit années fructueuses. Avec quatorze titres dont deux Copa Libertadores depuis 2013, D'Onofrio, bien aidé par son entraîneur Marcelo Gallardo, est devenu le dirigeant le plus titré de l'histoire du club. Le géant argentin a retrouvé les sommets, dix ans après l'humiliation d'une relégation en deuxième division.

River Plate a retrouvé les sommets, dix ans après l'humiliation d'une relégation en deuxième division.

ZAVEN
NAJJAR

LE BOSS DE RIVER VEUT SA PART DE POUVOIR

Fort de ses succès dans l'une des deux équipes les plus populaires du pays, D'Onofrio s'est donc dit qu'il était temps de faire le grand saut vers les affaires publiques. Depuis plusieurs mois, son nom est murmuré pour devenir le prochain maire de Buenos Aires en 2023.

Les passerelles entre le foot et la politique n'ont rien d'étonnant en Argentine. Matías Lammens, candidat à la mairie de la capitale en 2019 et actuel ministre du Tourisme et des Sports ? Il a été président de San Lorenzo pendant sept saisons. Le ministre de la Sécurité, Aníbal Fernández ? Lui a dirigé l'équipe de Quilmes cinq ans de suite. Independiente, l'institution la plus titrée de l'histoire de la Copa Libertadores ? C'est le territoire d'Hugo Moyano, secrétaire général du puissant syndicat des camionneurs et ex-patron de la CGT. Mais le boss de River rêve plus grand. Il a en tête une autre trajectoire, celle de Mauricio Macri, passé de douze années à la tête de Boca Juniors, le club rival, à celle du pays.

Macri, tout le monde l'a vu venir. Le 4 décembre 1995, le journal *Ámbito Financiero* l'annonce même, de façon prémonitoire, à sa une : « A Boca, Macri a gagné et cela aura de l'influence sur la politique. » Les élections ont eu lieu la veille au stade de la Bombonera : pendant que leur équipe, emmenée par un Maradona en fin de carrière, perdait 6 à 4 face à Racing, les *hinchas* de Boca Juniors y étaient invités aux urnes. En Argentine, où les clubs sont des associations civiles à but non lucratif, les socios votent tous les quatre ans pour élire leur président. Ce jour-là, Mauricio Macri, 36 ans, écrase le scrutin, recueillant 60,8 % des voix.

Avec sa moustache à la Freddie Mercury(1) et ses yeux clairs et perçants, le jeune homme ne sort pas de nulle part. Il a grandi dans les sociétés de son père, Franco, l'un des industriels les plus riches du pays. Les Argentins découvrent son existence en 1991, lorsqu'il est enlevé et séquestré pendant douze jours par la « bande des commissaires », d'anciens flics d'ultra-droite spécialistes de ce type de rapt durant la dictature militaire. En échange de sa libération, les ravisseurs obtiennent près de 8 millions de dollars du paternel. Pour amadouer les criminels, fans de Boca, Macri fils racontera plus tard leur avoir confié son rêve de présider les Xeneizes, le nom des membres du club.

Au-delà de sa passion - souvent contestée - pour l'équipe bleu et or, c'est surtout l'opportunité politique qui attire ce proche de Carlos Menem, le chef de l'État libéral de l'époque. Dans *Boquita*, ouvrage de référence retraçant l'histoire du club, Antonio Alegre, qui l'a présidé de 85 à 95, révèle à l'auteur, le journaliste Martín Caparrós, comment Macri a tenté de le rallier à sa cause avant les élections : « Il m'a dit : "Pour moi, Boca est une étape. Mon aspiration est d'être sénateur ou maire de Buenos Aires". »

« Et en Ligue 1, quel président de club pourrait aller à l'Élysée ? Je vois que Marc Keller… »

PRÉSIDER BOCA CONFÈRE UN POUVOIR SUPRÊME

Macri est bien conscient de l'aura que lui confère le club le plus populaire d'Argentine. Une équipe qui, selon ses fans, représente « la moitié du pays + 1 » - comprendre un de plus que les rivaux de River. « Quand tu prends les commandes de Boca, le jour suivant, tout le pays te connaît », explique Federico Polak, appelé à diriger l'institution, alors au bord de la faillite, en 1984. Dans un récent ouvrage, l'ancien porte-parole du président argentin Raúl Alfonsín (83-89) raconte pourquoi le poste de dirigeant de Boca a toujours attiré les cercles du pouvoir : « Quand j'étais au club, je me souviens avoir eu plus de couvertures

---

Pour amadouer les criminels qui ont enlevé son père, Macri racontera plus tard leur avoir confié son rêve de présider les Xeneizes, le nom des membres de Boca.

Le président argentin Mauricio Macri présente le maillot de Boca Juniors au côté de son président, au stade de la Bombonera, à Buenos Aires.

Jack Lang vs Serge Blanco.

de journaux que le chef de l'État. En tenant les rênes pendant douze ans, Macri a bénéficié d'une énorme force de communication. Présider Boca te fait sentir puissant. Un jour, il s'est déplacé dans la province de Misiones sur invitation du gouverneur. Les gens saluaient Macri et pas l'autre. C'est ça Boca. Cela te donne plus de pouvoir qu'un gouverneur. »

Dirigeant de club. Un poste de prestige en Argentine, qui permet de tisser des liens stratégiques avec des politiques, des chefs d'entreprise, la police, mais aussi les *barra bravas*. Ces groupes violents, qui assurent l'ambiance en tribune, pratiquent leur business illégal à l'entrée des stades et peuvent aussi servir de force de frappe dans les rassemblements politiques. Des liaisons dangereuses mais pratiques pour quiconque souhaite s'engager sur l'autoroute du pouvoir. À condition d'avoir de bons résultats sportifs.

BOCA COMME MILAN

Les débuts de Mauricio Macri à la tête de Boca sont compliqués. La venue sur le banc de Carlos Bilardo, sélectionneur de l'Argentine championne du monde 1986, n'a pas produit l'effet escompté. Souci de taille : le vieux Maradona n'a aucun atome crochu avec ce patron qui veut gérer le club comme son entreprise d'automobiles. « Il disait que nous étions des ouvriers et que notre travail était le même que vendre des bagnoles, a raconté Diego dans sa biographie. D'entrée de jeu, je lui ai dit : "Avec moi, tu t'es trompé, *pibe*." Dans sa putain de vie, il n'avait

Février 2016 : le président français François Hollande et le président argentin Mauricio Macri visitent le stade de Boca Juniors, La Bombonera, à Buenos Aires.

Encore un qui a raté l'atelier frappe des stages Larqué.

jamais mis les pieds dans un vestiaire, sauf si son père lui en avait offert un. Un jour, il est apparu à l'entraînement habillé en joueur. Il voulait son petit plaisir : jouer avec ses employés. Macri était un petit oiseau dans l'intimité et Berlusconi dans ses rêves. »

S'il veut suivre l'exemple d'Il Cavaliere, El Gato, comme on le surnomme, doit trouver son Arrigo Sacchi. Ce sera Carlos Bianchi, ex-idole du PSG, entraîneur qui a mené les Argentins de Vélez Sarsfield sur le toit du monde avant de se casser les dents à la Roma. Avec l'ancien goleador sur le banc et l'émergence de joueurs comme Juan Román Riquelme et Martín Palermo, Boca Juniors va connaître son âge d'or. Dix-sept titres, dont quatre Copa Libertadores et deux Coupes Intercontinentales, vont faire de Mauricio Macri le dirigeant le plus titré de l'histoire du club.

Ces succès lui permettent de transformer Boca à sa guise. En douze années et trois mandats, le dirigeant rompt avec, selon lui, « les visions socialistes » de ses prédécesseurs. Coupes dans les salaires des employés, augmentation de 25 % de l'apport mensuel demandé aux socios, une Bombonera avec plus de loges mais moins accessible aux classes populaires. Macri innove, faisant entrer le club en bourse, créant un fonds d'investissement censé servir aux transferts, développant la marque à l'international.

En 2005, devant un congrès réunissant des chefs d'entreprise du pays, le businessman se félicite d'avoir transformé en un club « fashion » une institution associée à son arrivée « au sale, puant et aux autres choses du quartier de La Boca ». Pour quelqu'un qui a songé à acquérir le New York Cosmos en faillite en 1983, puis le Deportivo Español, un club argentin historique qu'il voulait déménager de Buenos Aires à Mar del Plata, c'est une réussite. Une vision du foot façon franchise nord-américaine, bien éloignée des clubs sous forme d'associations civiles et à vocation sociale de son pays. Macri tente d'imposer le modèle des sociétés anonymes dans le football argentin. S'il ne parvient pas à changer les statuts, le dirigeant utilise Boca pour tenter de bousculer la culture locale. D'ouvrir les esprits à un système plus libéral.

« SI J'AI PU DIRIGER BOCA, JE PEUX DIRIGER LE PAYS »

Après la crise économique de 2001, la pire de l'histoire du pays, « Macri est apparu comme un outsider, se souvient Federico Polak. À partir de là, il a vraiment commencé à faire de la politique, tout en étant dirigeant de Boca. Je ne sais pas si c'était très éthique, mais cela lui a donné un avantage énorme par rapport à d'autres. Boca perdait ou gagnait ? Il apparaissait tout le temps à la télévision, en tant que dirigeant du club, alors qu'il était en campagne ».

« Boca, c'est le PRO », écrit Ezequiel Fernández Moores dans le quotidien *La Nación* le 8 juin 2007. Dans son article, ce journaliste d'investigation, attentif aux mouvements financiers suspects des années Macri, explique comment le club a servi de plateforme de lancement à la création du PRO, le parti politique libéral qui mènera le dirigeant au pouvoir. Après un premier échec en 2005, Mauricio Macri finit par accéder à la mairie de Buenos Aires en 2007. Ses deux mandats le mèneront tout droit à la Casa Rosada, l'Elysée argentin, en 2015. Dans un pays usé par douze années au pouvoir du couple Kirchner, des progressistes, l'ex-boss de Boca parvient à incarner le changement. Pour la première fois de l'histoire de la démocratie en Argentine, un candidat qui se revendique clairement à droite accède à la plus haute fonction. « Cela a donné du poids à cette idée que si tu présides un club de foot, ici, tu peux devenir chef de l'État, observe le sociologue Pablo Alabarces, spécialiste des relations entre le sport et la politique. L'argumentaire de Macri était : si j'ai pu diriger Boca avec succès, je peux diriger une ville ou un pays avec la même réussite. Pour moi, c'est une erreur, une vision très simpliste. S'il est arrivé jusque-là, c'est pour de nombreuses raisons. »

L'héritier de l'une des plus riches familles d'Argentine ne parvient pas à se faire réélire en 2019. Sûrement parce qu'après son passage à la Casa Rosada, le tiers de la population vit dans la pauvreté, qu'il avait promis de réduire « à zéro », parce que l'inflation n'a pas été contrôlée et parce qu'il a appelé au secours le Fonds monétaire international, un vieil ennemi des Argentins. Dans son bastion de Boca Juniors, ses successeurs, eux aussi, ont été mis à la porte aux dernières élections. Preuve que si le football l'a aidé à accéder au pouvoir, il n'a pas suffi à l'y maintenir. Diriger un club, c'est comme diriger un pays ? En mai dernier, Mauricio Macri, qui n'a pas renoncé à la politique, se confessait à la télévision : « J'ai été beaucoup plus heureux à Boca qu'à la tête de l'Argentine. » ■

(1) Taper « Macri We Will Rock You » sur YouTube

Macri confessait à la télévision : « J'ai été beaucoup plus heureux à Boca qu'à la tête de l'Argentine. »

Georges Quirino Chaves
Après avoir vu Chris Froome à pied sur le mont Ventoux et Jano Resseguié trop essoufflé pour commenter le but de Sergi Roberto au Camp Nou, il pensait avoir tout fait en dix années à RMC Sport. C'était avant de suivre la dernière tournée et les obsèques de Maradona en Argentine, où il travaille comme journaliste freelance depuis 2018. Daniel est persuadé qu'il est grec. Alors que pas du tout.

BERLUSCONI À L'AISE SUR TOUS LES TERRAINS

Silvio Berlusconi a été l'un des premiers à saisir la portée politique du football, et le moins qu'on puisse dire est qu'il a su exploiter ce mélange des genres pour étendre son pouvoir, en jouant avec les limites et en faisant preuve d'une belle intelligence tactique.

PAR **SIMONE ROVERA**

Mercredi 18 mai 1994. Silvio Berlusconi est l'homme le plus heureux d'Italie. Et le plus puissant. Au stade Olympique d'Athènes, son Milan est en train d'écraser Barcelone en finale de Champions League (4-0). Mais lui n'est pas en tribune, ni au stade. Il est à Rome, pour suivre une autre finale. À peine quelques secondes après le but du 3-0 signé Savicevic, dans le noble palais Madama, le président du Sénat italien, Scognamiglio Pasini, annonce que la coalition de centre-droit Polo delle Libertà (le Pôle de la liberté, PDL) a obtenu la confiance de la chambre haute italienne (159 voix contre 156) pour former le premier gouvernement Berlusconi. Un double triomphe. « Je suis ici et en même temps, il y a une équipe qui porte haut le nom de l'Italie et gagne une Coupe des champions », s'enthousiasme le nouveau président du Conseil.(1)

LE BALLON ROND POUR MIEUX REBONDIR

Pendant presque vingt-cinq ans, football et politique se sont mélangés dans la vie de Silvio Berlusconi, comme dans celle des Italiens. Pourtant, l'apparition sur le terrain politique de l'homme d'affaires milanais a été davantage une décision contrainte par la situation économique italienne au début des années 90 qu'une stratégie de longue date. Cette nuit de mai 1994, à la fois un summum et un tournant, symbolise le mélange entre le sport et la politique, mais il y a fait ses premiers pas dès 1992.

On est à la veille des élections municipales à Milan quand « il Cavaliere » (il a été surnommé ainsi après avoir été fait Chevalier de l'Ordre du mérite du travail en 1977) se prononce sur la situation de la ville : « Il y a beaucoup à faire pour Milan, si j'avais le temps, je me présenterais à la mairie, pour amener la ville où j'ai amené le

Pendant presque vingt-cinq ans, football et politique se sont mélangés dans la vie de Silvio Berlusconi, comme dans celle des Italiens.

Milan. De nouvelles idées sont nécessaires, car Milan doit redevenir belle, tout comme le jeu milanais est beau. »

Les victoires de son club sont déjà mises en avant comme exemple à suivre en politique. Mais le football n'est pas un amour sur le tard. Il fait partie de sa vie depuis toujours. Dans les années 1970, alors qu'il faisait fortune en construisant les nouveaux quartiers résidentiels de la proche banlieue de Milan, il gérait aussi une petite équipe locale rattachée à l'entreprise familiale, l'Edilnord. Il en fut l'entraîneur, le directeur sportif, l'intendant et le chauffeur.

UNE CARRIÈRE TÉLÉ-GUIDÉE

La naissance de son empire télévisuel remonte à 1978, avec l'achat de la première chaîne locale Telemilano 58 (d'autres suivront, qui composeront son *network*), mais c'est en 1980, grâce au football, qu'il signe son coup d'éclat. Son groupe audiovisuel achète en exclusivité pour l'Italie les droits du Mundialito, une compétition de la FIFA organisée en Uruguay, à laquelle participent huit sélections nationales, les gagnants et les finalistes historiques de la Coupe du monde. Berlusconi a les droits, mais la loi italienne l'empêche de diffuser les matchs : la seule chaîne qui peut utiliser le satellite et les retransmettre en direct est la RAI, la télévision d'État. Déjà bien introduit dans les affaires politiques nationales, il utilise la force de ses journaux et la politique pour protéger son investissement.

Finalement, avec la médiation du gouvernement, influencé par Berlusconi, la RAI et les chaînes privées de son groupe trouvent un accord pour la diffusion des matchs : ceux de l'Italie et la finale seront diffusés par la RAI, les autres par ses chaînes, en direct en Lombardie, en différé dans les autres régions du pays.

Au-delà des résultats d'audience et des revenus publicitaires, la victoire est surtout politique.

« Ce que j'ai fait avec le football, je le ferai en politique. Je ferai rêver les Italiens. »

L'opération de lobbying qui a conduit l'homme d'affaires lombard à convaincre le gouvernement d'ouvrir le marché télévisé à la concurrence contre le monopole de la RAI est la preuve de son influence, jusqu'au plus haut niveau du gouvernement italien.

EN ROUGE ET NOIR, J'AFFICHERAI MON CŒUR

Quelques années plus tard, Silvio Berlusconi fait son entrée dans le monde du football, en rachetant le Milan. Nous sommes en 1986, la politique ne fait pas encore partie de ses projets. C'est au début des années 1990 que tout change, en Italie et pour Silvio Berlusconi. Le groupe Fininvest (holding qui gère les biens de la famille Berlusconi) est en grande difficulté : selon le rapport publié en 1993 par Mediobanca (banque d'investissement italienne), les dettes du groupe atteignent 7 140 milliards en 1992.

Dans un contexte déjà compliqué, intervient la même année l'ouverture de l'enquête « Mains propres », ou *Tangentopoli*, qui provoque un tremblement de terre dans toute la sphère politique italienne. Cette affaire pousse à la retraite politique plusieurs de ses amis ou alliés de l'époque, comme Bettino Craxi, ancien chef du gouvernement et leader des socialistes, lié à Berlusconi par une amitié personnelle. Il a été témoin à son mariage et est le parrain d'une de ses filles, Barbara, qui deviendra plus tard vice-présidente du Milan.

Selon le journal *Il Fatto Quotidiano* du 20 janvier 2014, « c'est dans ce climat terrible – la fin de l'expansion publicitaire, les dettes galopantes, la chute des protecteurs politiques, la menace des enquêtes judiciaires – que Berlusconi mûrit les décisions les plus sensationnelles de sa vie. Tel un joueur de poker au bord de l'effondrement, il relance, risque tout, ose penser l'impensable ».

Après le monde de la construction, de la communication et du sport, s'ouvre à lui la scène politique. C'est là que football et politique deviennent complémentaires dans sa vie. Après avoir fait rêver des millions d'Italiens avec ses programmes télévisés, les avoir fait gagner à travers les succès du Milan, il leur demande la confiance électorale : « Ce que j'ai fait avec le football, je le ferai en politique. Je ferai rêver les Italiens. »(2)

On est en 1994. C'est l'année de la Coupe du

Silvio Berlusconi, président du Conseil, en avril 2006.

Poltrone et sofa, autentica qualità.

monde aux USA, le sélectionneur italien est une ancienne gloire du Milan, Arrigo Sacchi. Berlusconi appelle son parti Forza Italia, un slogan utilisé pour encourager l'équipe nationale.

Pendant sa campagne électorale, Berlusconi utilise un langage simple, télévisuel (il utilise aussi largement ses chaînes de télé pour faire sa propagande électorale), parfois directement lié au football, comme lors de l'annonce de son engagement en politique, quand il déclare: « Je vais descendre sur le terrain. »

À partir de ce jour-là, le lien entre football et politique deviendra encore plus fort.

Berlusconi profite du foot, des victoires du Milan et de sa visibilité pour faire l'unanimité, et on peut même penser que certaines de ses déclarations sportives avaient comme objectif de séduire l'électorat. C'est le cas, probablement, de la critique, féroce, qu'il adresse le 3 juillet 2000 à la sélection nationale après sa finale de l'Euro perdue contre la France: « J'ai vu des choses incroyables, c'est impossible de ne pas avoir un joueur qui marque Zidane. Même un entraîneur amateur l'aurait compris. Mais malheureusement, les amateurs, en Italie, n'existent pas que dans le football ».(3)

Le sélectionneur, Dino Zoff, démissionnera peu après. Mais le véritable objectif de Berlusconi est ailleurs. Dans l'opposition depuis 1996, il lui faut commencer à préparer le terrain pour les élections de 2001, qu'il gagnera en mai avec beaucoup de difficultés, après avoir baissé de 1,8 point dans les derniers sondages du mois d'avril, une baisse peut être liée aux mauvais résultats des Rossoneri en Champions League (élimination lors de la deuxième phase de poule le 13 mars) et en championnat, où ils terminent sixièmes, échouant aux portes de la qualification pour la Ligue des champions à venir.

Pendant des années, la presse italienne s'est amusée à chercher des liens entre les achats de joueurs les plus importants de Silvio Berlusconi et les échéances électorales. Comme l'arrivée de Baggio et Weah (1995) avant les élections de 1996, ou celles d'Inzaghi et de Rui Costa en 2001. Les deux recrues signent deux mois seulement après la victoire du PDL, mais le nom du fantaisiste portugais a été évoqué pendant toute la campagne, à propos d'un nouveau Milan, capable de tout gagner.

Et que dire de la vente avortée de Kaká en janvier 2009 ? Courtisé par Manchester City, qui est prêt à débourser 100 millions d'euros, Milan met fin à la négociation dans les dernières heures du mercato, à la suite d'une forte opposition des supporters rossoneri. À l'approche des élections européennes de juin, Berlusconi ne veut pas se mettre à dos les supporters, ni donner l'image d'un propriétaire obligé de vendre pour des raisons économiques. Il refuse en direct à la télévision la proposition du club anglais. Kaká sera finalement vendu en juin au Real Madrid, pour 67 millions d'euros, deux jours après les élections européennes gagnées par Forza Italia.

Mai 1994, à Athènes : Marcel Desailly célèbre la victoire du Milan AC contre le FC Barcelone en finale de la Champions league.

Silvio Berlusconi assiste à une séance d'entraînement du Milan AC, son équipe, en 1993, à Milanello.

DES ANNÉES MOINS FASTES MAIS BIEN REMPLIES

Dans les années suivantes, avec un gouvernement à gérer et un Milan sans beaucoup de résultats depuis la Champions League de 2007, Berlusconi semble prendre de la distance avec le club, ce qui ne manque pas d'inquiéter les supporters. Il faut dire qu'hormis l'enthousiasme suscité par l'arrivée de Ronaldinho en 2008, le Milan n'est plus au sommet. Il assiste au triplé de son grand rival intériste lors de la saison 2009-2010 (Scudetto, Coupe d'Italie et Champions League).

En 2010, l'Italie est dans l'incertitude de la crise économique. Malgré les victoires électorales, des divisions se font jour dans la coalition de droite. Depuis le début de l'année, la menace d'élections anticipées du Parlement (qui doit être officiellement renouvelé en 2012) est quotidienne. Berlusconi lui-même est le premier à s'y référer, dès le mois de mars : « Je n'ai rien contre cette possibilité », dit-il à la sortie d'un meeting à Bologne.

Le mercato d'été est celui des deux dernières recrues stars de Berlusconi, Zlatan Ibrahimovic et Robinho. Réponse sportive à la domination de l'Inter, mais aussi, une fois de plus, politique, aux échéances électorales.

Faut-il considérer les deux stars comme deux appâts pour l'électorat rossonero et italien ? C'est l'avis d'un des hommes politiques de l'époque, Marco Follini, vice-président du Conseil de Berlusconi entre 2004 et 2005 : « Il suffit de regarder le mercato du Milan avec Ibrahimovic et Robinho pour comprendre que Berlusconi veut se présenter aux élections. » La logique est simple : un Milan plus fort rend son président plus fort encore, et prêt à relever tous les défis.

« Ce n'est pas toujours grâce à la logique politique qu'on trouve la boussole pour s'orienter dans les choix du Cavaliere », écrit le journal *La Repubblica* en septembre, imaginant des élections anticipées au printemps suivant et confirmant qu'on ne peut comprendre les choix de Berlusconi sans s'intéresser au football.

Avec Berlusconi, tout se mélange : si, dans les pages politiques des journaux, on parle du mercato du Milan, c'est dans la *Gazzetta dello Sport* que le président dément toute motivation électorale à ses recrutements : « Ce sont des discours qui n'ont aucune cohérence, les élections auront lieu dans trois ans seulement. » À quelques jours de la fin de la saison, juste avant le Scudetto, Berlusconi se lance dans des projections de mercato : « Je rêve d'avoir Ronaldo dans mon équipe, et Adriano Galliani a carte blanche pour le recruter » (6 avril). Il confesse : « L'autre fois, nous avons eu moins de voix, a-t-on dit, à cause du départ pas très opportun de Kaká. J'espère que remporter le Scudetto poussera certains de nos fans, qui n'étaient pas très convaincus de la nécessité d'aller voter, à le faire et à nous apporter leur soutien » (11 mai).

L'IMPRESSION QU'IL EST LÀ DEPUIS MILAN

Le Milan sera sacré champion et le gouvernement arrivera presque à boucler son quinquennat, en décembre 2012, quatre mois avant la fin de son mandat. La date des nouvelles élections est connue : ce sera le 24 février 2013. Le soir du derby de Milan.

Le jour de la dissolution du Parlement, le 22 décembre 2012, les Rossoneri occupent une triste septième place au classement de la Série A, avec sept points de retard sur la dernière place qualificative pour la « Champions », après une lourde défaite 4-2 face à la Roma. Janvier 2013 est donc une double vitrine cruciale, pour Milan et pour son président. Il faut retrouver le soutien des Italiens, il faut aussi aider l'équipe à accrocher une place dans le concert européen.

C'est Mario Balotelli qui est chargé d'incarner les rêves du Milan et de Silvio Berlusconi. Celui-ci va attendre, comme d'habitude, les derniers jours du mercato pour lancer son offensive auprès de Manchester City et débaucher l'attaquant italien, afin de faire baisser les prix et... prendre le temps d'étudier les sondages politiques.

Selon le *Corriere della Sera* du 31 janvier 2013, Balotelli peut peser sur le scrutin : « On dit que le *bad boy* pourrait faire gagner un point de plus au PDL dans les sondages. Certains vont même jusqu'à 2 % (donc presque 100 000 voix en plus en Lombardie, qui est la région décisive pour obtenir des sièges au Sénat). »

Pier Luigi Bersani, l'un des principaux candidats de la gauche, reproche à Berlusconi d'instrumentaliser son avant-centre : « Chacun fait sa campagne comme il veut. Aujourd'hui, j'ai rencontré du monde à Padova et Mestre. Berlusconi a négocié pour Balotelli. » De son côté, Berlusconi nie : « Avec l'achat de Balotelli, j'ai perdu des supporters d'autres équipes, ils ne seront pas contents. »

Berlusconi vend le Milan en 2016. Il continue sa carrière politique. En 2019, il retrouve un club de foot, Monza, ville proche de Milan, qu'il fait monter en Série B et qu'il rêve aujourd'hui de voir en Série A, dès la fin de la saison. Les supporters peuvent commencer à rêver : les prochaines élections politiques italiennes ont lieu en 2023. ■

(1) *Lettera 43* : « Il milanista Berlusconi », 13 avril 2011.

(2) *La Stampa* : « I trionfi in Champions e alle elezioni. La parabola di Silvio tra pallone e politica », 6 août 2016.

(3) *Lettera 43*, « Il milanista Berlusconi », 13 avril 2011.

Simone Rovera
100 % italiens, originaire d'Alba, dans le Piémont, la ville de la truffe et de la Nutella. Évidemment gourmand.
Mon premier After c'était en 2016 et je me suis tout de suite senti comme chez moi. Supporter de la VAR, favorable a la Superligue et amoureux de Verratti. Esprit de contradiction en mode ON.

SALAZAR, FADO, FÁTIMA, FOOTBALL ET FANTASMES

Cinquante ans après la chute du salazarisme, le supposé intérêt du dictateur pour le football continue d'animer les apéros de nombreux Portugais. Petit guide diplomatique à déballer avant l'arrivée des bifanas.

PAR **NICOLAS VILAS**

Au moment où la discussion va devenir tendue, pas la peine d'aller sur Wikipédia pour donner du poids à tes arguments. Wiki écrit : « Le Triple F (en portugais : três F) désigne la trilogie fado, Fátima, football. Il symbolisait les valeurs portugaises sous la dictature de António de Oliveira Salazar. » Sauf que... (imagine-toi la voix de Gilbert en plein quiz) : « C'est pas bon ! » Ce triptyque, cultivé après la révolution pour caricaturer le Estado Novo, l'État Nouveau, ne saurait représenter l'indigeste régime qui a gangrené le Portugal entre 1933 et 1974. L'incarnation du pouvoir s'appelait alors Salazar. Sa devise était : « Dieu, Patrie et Famille ». Cet ex-séminariste cultivait autant la foi catholique, portée par les apparitions mariales de Fátima (au cours de l'année 1917), qu'il dédaignait le fado d'Amália Rodrigues (qu'il surnommait « a criaturinha », la petite créature) et se désintéressait du football d'Eusébio. Calma ! Pose ton verre, on va t'expliquer...

L'incarnation du pouvoir s'appelait alors Salazar. Sa devise était : « Dieu, Patrie et Famille ».

« LES EFFETS MALÉFIQUES » DU FOOT

Dans l'imaginaire que se sont bâti nombre de « lusos », Salazar était sympathisant du Benfica. Pour preuve, ils comptent les titres conquis par les Aigles entre la naissance de l'État Nouveau et la révolution des Œillets, qui marque le retour de la démocratie. Le SLB a remporté 36 trophées nationaux dans cette période, contre 26 pour le Sporting, 9 pour le FC Porto et autant pour le reste des clubs. D'autres retiennent les années fastes du système (1933-1949) et constatent que c'est le Sporting, historiquement élitiste, qui en ressort le plus fort, avec 12 titres. Salazar *sportinguiste*, alors ?

Comme l'écrit l'historien Ricardo Serrado dans son ouvrage *O Estado Novo e o futebol* (L'État Nou-

ZAVEN
NAJJAR

veau et le football, non traduit) le Sporting est le « grande » comptant le plus de dirigeants (12) liés au salazarisme. À l'inverse, le Benfica - dont le surnom, Vermelhos (Rouges, en portugais), a été retoqué en Encarnados (couleur chair) par la censure salazariste, car moins connoté communiste - est celui qui en a eu le moins (un seul) et celui ayant eu le plus de présidents (4) ouvertement opposés à Salazar. Ces accointances plus personnelles qu'institutionnelles n'ont pas eu de réel impact sur la destinée sportive de ces équipes, ni sur leurs compétitions. Et pour cause, la politique sportive du Estado Novo se caractérise, dans un premier temps, par le néant, voire une forme de reniement.

Le décret du 16 avril 1932, qui encadre la pratique de l'éducation physique dans les lycées, illustre le positionnement du Estado Novo vis-à-vis du foot. Le texte de loi stipule que « ne peuvent être acceptés les sports anglo-saxons, tout comme les rencontres et matchs en général, spécialement ceux de football, étant donné que son rôle éducatif est nul et que ses effets maléfiques sont évidents ». Les débordements constatés lors de plusieurs rencontres de *futebol*, sa tendance à la professionnalisation et ses origines urbaine et anglaise n'avaient rien pour plaire au salazarisme.

Le président portugais Antonio Oliveira Salazar dans les années 60.

Inauguration de la gare Salazar.

Admis depuis 1926 en Espagne, 1932 en France, le professionnalisme ne le sera légalement au Portugal qu'en 1960.

L'Estado Novo a tardé à s'intéresser au sport. C'est à la Mocidade Portuguesa (MP) - la Jeunesse portugaise, inspirée de la Jeunesse hitlérienne - et à la Fondation nationale pour la joie au travail (FNAT) qu'il revient de proposer des activités sportives, mais leur mission n'est pas de les encourager en tant que telles. La MP aspire à promouvoir un « Homme nouveau », autour de valeurs traditionnelles (discipline, hiérarchie, autorité), à des fins éducatives et militaires.

Ce n'est qu'en 1942, à travers la création de la Direction générale de l'éducation physique, des sports et de la santé scolaire (DGEFDSE), que l'EN établit une première politique sportive. Le décret de loi de 1943 oblige les clubs sportifs à proposer la pratique de la gymnastique (seul sport obligatoire) et défend l'amateurisme. Admis depuis 1926 en Espagne, 1932 en France, le professionnalisme ne le sera légalement au Portugal qu'en 1960 ! Afin de ne pas détourner les jeunes de la Mocidade Portuguesa, est carrément décrétée la prohibition de la pratique du foot en compétition avant l'âge de 18 ans.

« LE STADE N'EST PAS UN CIRQUE »

Lors de l'inauguration du Estádio Nacional en 1944, Marcello Caetano - commissaire national de la MP, qui succèdera à Salazar en 1968 - scande : « Que le Estádio Nacional puisse vouloir dire éducation physique au service de la nation. Education et non spectacle, jeu et non business, formation et non difformité. » Il enquille, dans son rejet du professionnalisme : « Le stade n'est pas un cirque (...) c'est un concept pédagogique », avant de pointer du doigt les « personnes excitables » qui « basculent dans la violence par les mots et les actions ». La construction du stade du Jamor, comme celle du 28 de Maio à Braga, s'inscrit dans une tentative de légitimation du Estado Novo à travers le lancement de grands travaux. Les pouvoirs publics subventionneront une partie des enceintes privées du FC Porto, du Benfica, du Sporting et de Belenenses, mais leur geste est dénué de toute valorisation du foot. D'une part, ces enceintes n'ont été possibles qu'avec le soutien des sócios - la Luz du Benfica a été financée par la « campagne du ciment », au cours de laquelle les benfiquistes ont fait don de sacs de ciment; d'autre part, le gouvernement n'a jamais soutenu ces clubs, comme en témoigne l'expropriation des terrains du Benfica et du Belenenses pour y édifier d'autres projets ou les charges fiscales qui pesaient sur eux.

Les stades s'inscrivent dans un cadre politique, qui n'a aucune teneur sportive. Pour les salazaristes, seuls comptent la symbolique de la date de l'inauguration (le 10 juin, jour de la « race », pour Alvalade et le Jamor, par exemple) et le projet architectural en tant que tel. Salazar lui-même ne sera présent qu'à l'inauguration du Jamor - promis en 1933 - et lors de la cérémonie de Braga (autre stade public). Il déclame alors son speech depuis... la bibliothèque de la ville. Difficile de l'accuser de vouloir aliéner les masses à travers le sport ou d'instrumentaliser le foot.

Dans son adoration pour la ruralité, son attachement au traditionalisme, sa détestation des foules,

1967 : des femmes allument des bougies près du Sanctuaire de Notre Dame de Fátima, à Cova da Iria, où est apparue la Vierge Marie à trois enfants cinquante ans plus tôt.

son exécration de la modernité, Salazar n'a que faire du football. Dans l'un des rares entretiens où il s'exprime sur le sport, il confie qu'il aurait aimé que la voile soit le sport national de son Portugal.

Contrairement à certains de ses contemporains, il n'utilise pas le sport à des fins politiques. Là où Hitler instrumentalise les JO de 1936, où Mussolini surfe sur « son » Mondial 1934, où Franco s'appuie sur son équipe nationale pour fédérer son Espagne, Salazar n'œuvre que peu en ce sens. Comme l'écrit Serrado, ses silences parlent pour lui. Et ses quelques mots trahissent son désintérêt, son impréparation. Lorsqu'il reçoit le Benfica, vainqueur de la C1 en 1961, le rendez-vous dure une demi-heure et il ne prononce pas de discours. Seuls quelques propos adressés aux joueurs sont retranscrits dans la presse : « Ce fut donc si difficile de résoudre votre problème de football ? » Une question qui a autant d'intérêt que celui qu'il accorde au *futebol*. Il n'éprouve ni passion ni haine pour le ballon, seulement de l'indifférence.

António Simões, l'un des champions d'Europe du SLB, confie à *L'Expresso* : « Je dois dire que Salazar n'a jamais été un fan de football et n'a jamais donné un centime aux clubs. Je ne dis pas qu'il détestait le football mais il ne perdait pas de temps avec ça. À tel point que lorsque Américo Tomás [président de la République] – qui adorait le football – nous l'a présenté, il a confondu Coluna avec Vicente et Vicente avec Hilário. Il ne connaissait même pas les joueurs de la Seleção. » Mais il connaît Eusébio, bien entendu.

PATRIMOINE NATIONAL

Le traitement du Ballon d'or 1965 constitue l'un des plus gros mythes du salazarisme. En 1962, la Juventus tente de s'offrir la pépite du Benfica champion d'Europe. Tout est bouclé entre le jeune buteur et la Vieille Dame. Mais le deal capote. La légende populaire veut que Salazar soit intervenu et s'y soit opposé, élevant le natif du Mozambique au rang de « patrimoine national ». L'intéressé lui-même témoigne, dans *A Bola*, en 1995 : « J'avais un contrat avec la Juventus, mais Salazar est intervenu et m'a dit que j'étais un patrimoine d'État et que je ne pouvais pas être transféré. J'avais 20 ans et je devais faire mon service militaire. » C'est surtout cette dernière phrase qu'il convient de souligner. Comme n'importe quel citoyen, à cette époque, Eusébio devait se soumettre au service militaire. Salazar n'avait aucunement l'intention d'ouvrir un régime d'exception, d'autant que le contexte était marqué par le début des guerres colo-

---

Lorsque Salazar reçoit le Benfica, vainqueur de la C1 en 1961, le rendez-vous dure une demi-heure et il ne prononce pas de discours.

Eusebio pendant la rencontre Portugal / Hongrie de la Coupe du Monde de 1966.

niales en Afrique, d'où Eusébio était originaire. Il était « patrimoine de l'État », mais... comme n'importe quel autre militaire.

Quelques années plus tard, c'est l'Inter Milan qui le séduit. Mais là encore, la porte se referme. Pas la peine de fantasmer - comme beaucoup - sur une éventuelle intervention politique. Eusébio explique : « Après la Coupe du monde de 1966, j'étais libéré de mes obligations, mais l'Italie a fermé ses frontières alors que j'avais déjà un contrat avec l'Inter. » Vexées par la prestation de la Nazionale au Mondial, les instances italiennes ont interdit l'importation de footballeurs étrangers. C'est encore mort pour le Roi. Et pour l'historien Serrado, « Eusébio n'a pas été instrumentalisé par le régime ».

La troisième place inédite conquise par la Seleção en Angleterre ne sera que peu exploitée politiquement. Quelques personnalités et une partie de la presse - toujours sous le contrôle de la censure - tentent de promouvoir l'idée d'un Portugal « uni et multiracial », au moment où l'Afrique poursuit son émancipation. Plus qu'une stratégie réfléchie, politisée, la médaille de bronze de la Seleção est une aubaine pour le salazarisme. Salazar n'appréhende pas le foot comme un moyen de séduction ou d'aliénation des masses. Ce succès, comme ceux du Benfica en 1961 et 1962 ou du Sporting en 1964, a lieu malgré lui et sa politique.

« Et malgré tout, le Portugal a gagné cinq Coupes d'Europe de plus que la France. »

POURQUOI TANT DE MÉPRIS ?

Pendant des décennies, le dédain du Estado Novo vis-à-vis du foot s'explique (aussi) par les résultats de la Seleção. Difficile de surfer dans une flaque. Il y a un frétillement en 1947, lorsqu'après vingt-six ans et seize confrontations, le Portugal s'impose pour la première fois face à l'Espagne. Mais, dans la foulée, il se fait balayer 10-0 par l'Angleterre. Les années 1960 marquent un tournant. L'arrivée d'Otto Glória et de ses méthodes et l'acceptation du professionnalisme s'accompagnent des succès européens des Aigles (C1 1961 et 1962), des Lions (C2 1964) et de la troisième place de la Seleção au Mondial 1966. La presse du régime - qui s'attelle déjà à sublimer les guerres en Afrique - exalte la « race » portugaise, mais reste sévère sur son équipe nationale. Lorsque, cinq ans plus tôt, le Portugal a remporté l'Euro Espoirs, les journalistes ont dénoncé l'individualisme des joueurs, leur reprochant de ne pas jouer en équipe. Encore et toujours le corporatisme.

Autre contrariété pour les salazaristes : le foot s'érige en contre-pouvoir. Non seulement le peuple ne délaisse pas le foot pour la politique, mais il va utiliser le ballon à des fins politiques. Comme avant ce Portugal-Espagne de 1938, lorsque trois joueurs « lusos » ne se soumettent pas au salut fasciste avant la rencontre et sont emprisonnés par la police politique avant d'être libérés - la censure ne manque pas de retoucher la photo de l'incident. Ou comme lors de la finale de la Coupe 1969 opposant le Benfica à l'Académica (AAC). La Briosa (la fière), qui n'est alors composée que d'étudiants de la fac de Coimbra, devient l'étendard des manifestations et autres mouvements sociaux grandissants, qui réclament la fin des guerres coloniales et plus de démocratie. En demi-finale, l'AAC a troqué sa tunique noire pour le blanc, brassard noir au bras, en signe de deuil et de solidarité. La fédé l'a rappelé à l'ordre en vue de la finale qui, sur ordre gouvernemental, n'est pas télévisée. Des pancartes contestataires garnissent le Jamor. Briefé, le président de la République esquive la traditionnelle remise de la Coupe, remportée (2-1) par le Benfica. De quoi en faire fantasmer certains, encore aujourd'hui. Mais tu l'auras compris : sous le Estado Novo, le foot, qui n'était pas qu'une simple distraction pour les masses, s'est développé en dépit du régime. Sinon, histoire de flinguer le tien, tu reprendras bien un pastel de nata... ■

Nicolas Vilas

Il claque du « Olá Viva ! », comme Eder à la 109e. Il caresse le micro, comme Quaresma la trivela. Pour lui, Keane était le Roy, Canto le King. Le foot est une passion, à base de *Futre* et de ballon. Une main de Dieu narrée par son père, une autre en pleine gueule avec Abel Xavier. Une façon d'appréhender ce qui va au-delà du jeu, ce qui est au-dessus du je : une façon d'atteindre le camp du nous.

Claude Le Roy,
en 2012.

CLAUDE LE ROY : « LE FOOTBALL NE FAIT PAS GAGNER UNE ÉLECTION »

Claude Le Roy, c'est trente-cinq ans d'expérience sur les bancs de touche, dix sélections entraînées et un palmarès unique. En fin connaisseur de l'Afrique et de sa géopolitique, il raconte ses relations avec les chefs d'État de ces pays où politique et football sont intimement liés.

PROPOS RECUEILLIS PAR **GILBERT BRISBOIS**

Considérez-vous que, dans le foot, tout est politique ?

CLAUDE LE ROY : À partir du moment où il y a une politique du sport, tout est politique. Le foot est culture, donc le foot est politique. D'ailleurs, ça me surprend toujours quand la FIFA met au ban des fédérations pour cause d'interventions politiques, alors que la première préoccupation de son président, Gianni Infantino, quand il se rend quelque part, est de rencontrer le chef de l'État du pays concerné. Avant même de savoir quel est le nom du président de la fédération locale de foot ! C'est d'un grotesque invraisemblable. La seule quête d'Infantino, c'est de rencontrer des chefs d'États. Blatter était plus bonhomme et ne cherchait pas à traiter avec eux d'égal à égal. Récemment, Patrice Motsepe, le président de la Confédération africaine de football (CAF), est allé au Cameroun pour inspecter un stade. Il a aussitôt demandé à voir le chef de l'État, Paul Biya, qui a refusé, lui faisant savoir qu'on ne le convoquait pas de la sorte.

> « Le foot est culture, donc le foot est politique. »

En Afrique, le football est-il plus politique qu'ailleurs ?

CLAUDE LE ROY : Je ne sais pas s'il faut poser la question comme ça. On ne réalise pas, en France, à quel point une sélection, c'est le patrimoine national. En France, on aime ou on n'aime pas le foot, on est plus ou moins intéressé et ça s'arrête là. Moi, je suis en Afrique depuis quarante ans et j'ai visité les cinquante-quatre pays du continent. Je peux dire que personne n'y est indifférent à son équipe nationale, y compris les expatriés sur plusieurs générations. C'est le seul creuset fédérateur, un des rares secteurs de la société où il y a toujours consensus.

Qu'attendent les chefs d'États africains de leur sélection nationale ?

CLAUDE LE ROY : Contrairement à ce que l'on peut dire, ils se sont rendu compte depuis longtemps que le foot ne fait pas gagner une élection. Même si au Cameroun, parfois, Paul Biya disait avec humour « Si ça peut m'aider... » Ils veulent

faire le maximum pour l'équipe. J'ai toujours eu de bonnes relations avec eux, car ils sont d'une aide logistique considérable, pour avoir le bon avion ou pour payer les primes. Quand on a l'avion présidentiel à disposition, c'est plus facile !

En Afrique, avant chaque grande compétition, toute l'équipe se rend chez le président pour la cérémonie de lever du drapeau. C'est inconcevable en Europe…

CLAUDE LE ROY : C'est une cérémonie très important et symbolique. Quand un chef d'État africain est en visite officielle en Asie ou en Amérique du Sud, on lui parle de son équipe et des stars du foot de son pays. Hélas, il n'y a pas encore assez d'écrivains, de sculpteurs ou d'artistes africains qui atteignent ce niveau de notoriété. Mais ça vient, comme Ousmane Sow au Sénégal par exemple.

Quels rapports directs entreteniez-vous avec les chefs d'États des sélections que vous dirigiez ?

CLAUDE LE ROY : Avant de m'installer dans un pays, je savais qui était qui. Et quelquefois, le hasard aide. Par exemple, je suis arrivé le 19 mai 1985 au Cameroun, la veille de la fête nationale, où le président recevait des centaines d'invités. J'ai pu discuter avec Biya directement, lui présenter mon projet de détection, de création d'un concours du jeune footballeur et le reste. Résultat, on disposait d'un budget spécial « équipe nationale », géré directement par la présidence de la république. C'était très efficace.

Êtes-vous attentif à la nature du régime quand vous signez vos contrats de sélectionneur ?

CLAUDE LE ROY : Bien sûr. Quand j'ai signé en Syrie, je pensais que le régime s'était amélioré par rapport au père de Bachar El Assad. Quelques jours après mon arrivée, en 2011, il y a eu des tirs à balles réelles dans les rues de Damas. J'ai quitté le pays pour ne pas cautionner ça, contre l'avis des autorités, qui me menaçaient. Mais il faut se méfier des jugements de valeur. Je viens de passer cinq ans au Togo avec un jeune président, Faure Gnassingbé, que j'apprécie beaucoup et qui est passionné de foot. Peut-être que tout n'est pas parfait, mais quand j'entends parler de lui comme d'un dictateur et que je vois qu'il est traîné dans la boue, je me dis qu'il y a quand même des dictatures softs, car pour moi une dictature, ce n'est pas ça. Cela dit, il ne faut pas tout confondre : moi, je suis là pour m'occuper de football, pas pour m'ingérer dans les histoires politiques d'un pays. Une fois, il y a eu une connexion désagréable, en 1988, au

Cameroun, quand le ministre des sports, Joseph Fofé, a gardé pour lui ma prime de champion d'Afrique. J'ai fait comprendre au président Biya que c'était très gênant, surtout pour mon staff, et que je ne pourrais pas continuer avec ce ministre. Il est resté en place et, donc, j'ai quitté le Cameroun avec un faux nom sur mes valises. Mais je devais faire comprendre que je ne pouvais plus travailler avec un tel ministre.

Vos contrats sont négociés avec qui ?

CLAUDE LE ROY : Je ne négocie qu'avec le chef de l'État ! Pour être honnête, certains présidents de fédération concernés n'ont jamais vu mes contrats. Même quand j'ai créé le programme de détection « Graine du Togo », je l'ai fait directement avec Faure Gnassingbé.

Les présidents ne sont pas tous des fondus de football…

CLAUDE LE ROY : Abdou Diouf, au Sénégal, n'était pas du tout concerné. Il connaissait l'importance du foot chez lui, il m'a remis les plus hautes distinctions du pays, mais ensemble, on parlait plus de Senghor et d'Aimé Césaire. Il s'intéressait surtout aux hommes et à la promotion sociale que le foot représente pour les jeunes Sénégalais. Et il était très inquiet pour les reconversions. Il me demandait toujours si les joueurs avaient bien géré leur carrière.

Claude Le Roy à Charlety, en 2005.

George Weah incarne à lui seul les connexions entre foot et politique en Afrique : de joueur à président du Libéria…

CLAUDE LE ROY : Quel parcours ! Un petit gamin que je découvre à Yaoundé et qui a profité d'une blessure de Mark Hateley à Monaco pour se lancer. Sans cette blessure, l'histoire aurait sans doute été écrite différemment. Il s'implique très vite socialement, il finance les stages de la sélection libérienne, il paie les billets d'avion… Il se dit alors qu'il peut jouer un rôle dans son pays. Il est candidat, il est battu. Il se rend compte qu'il a un déficit culturel, il part aux États-Unis pour se former et être mieux armé. Il est devenu Ballon d'or et président de la république à force de volonté. Quand on voit la maison où il est né à Monrovia… C'est le plus grand accomplissement qu'on puisse imaginer.

La prochaine Coupe d'Afrique des nations se joue en janvier au Cameroun. Vue de France, la CAN, ce sont des terrains pourris et des joueurs techniquement limités. C'est pourtant un événement d'une grande portée géopolitique…

CLAUDE LE ROY : En Afrique, il y a aussi des compétitions par zones. Par exemple, la Coupe de la CEMAC (Communauté économique et monétaire de l'Afrique centrale), organisée par une institution politique et non sportive. Pour la finale, tous les chefs d'États sont présents, c'est un événement très important et il ne faut pas se rater, il faut gagner en jouant bien. Rien qu'au niveau sous-régional, il y a donc des compétitions extraordinairement importantes. Au niveau continental, c'est encore plus fort. En 1988, on gagne la CAN avec le Cameroun, au Maroc. Le roi Hassan II ne nous a pas remis la coupe, parce que nous avions éliminé son pays en demi-finale. Sur place, la Coupe d'Afrique est beaucoup plus importante que la Coupe du monde. Ce sont des millions de personnes dans les rues en cas de victoire. D'ici, on ne peut pas imaginer ce que représente une CAN en Afrique. ■

Match de Ladbrokes Scottish Premiership au Celtic Park, à Glasgow, en septembre 2016. Les supporters des Rangers agitent leurs drapeaux tandis que ceux du Celtic brandissent leurs écharpes... ou leurs banderoles.

"OLD FIRM" BIEN PLUS QU'UNE GUERRE DE RELIGION !

Vu de l'étranger, the Old Firm, le derby de Glasgow entre le Celtic et les Rangers, relève du conflit religieux. Mais, en près d'un siècle et demi, la société écossaise a bien changé.

PAR **GRÉGORY SOKOL**

L'histoire vulgarisée est bien connue : en novembre 1887, Brother Walfrid, un immigré irlandais débarqué dans les quartiers insalubres de l'est de Glasgow pour échapper à la famine, fonde le Celtic Football Club. Conscient de l'essor du football, l'ecclésiastique y voit une occasion en or de générer des fonds et de pallier les besoins alimentaires et éducatifs de sa communauté. Le Rangers Football Club, l'aîné, fondé en 1872 sans connotation religieuse au départ, voit d'un mauvais œil l'arrivée de cet encombrant rival d'une foi différente. Une féroce rivalité multiséculaire s'installe.

Tout ne débute pas dans le sang et les larmes. Le Celtic est performant dès sa création, mais les Rangers sont moribonds et les clubs cadors de l'époque se nomment Dumbarton ou Queen's Park. Ce n'est que lors de la saison 1893-94, lorsque les Rangers élisent domicile tout près des chantiers navals de Govan, où travaillent les ouvriers protestants qualifiés, que le club trouve un nouveau public, motivé par une série de quatre victoires consécutives face à un voisin ne cachant pas sa sympathie pour le mouvement nationaliste irlandais. Mais, avant l'heure, les supporters des deux clubs luttent ensemble contre le foot-business : alors que le replay de la finale de la Cup 1909 se termine par un match nul, ils suspectent un résultat arrangé pour que soit jouée une troisième rencontre afin d'engranger plus de recettes. N'appréciant que modérément d'être pris pour des vaches à lait, ils ravagent terrain et guichets.

Le Celtic est performant dès sa création, mais les Rangers sont moribonds.

DES TENSIONS IMPORTÉES D'ULSTER

Cette alliance de circonstance ne masque pas très longtemps les problèmes sociétaux de l'Ouest de l'Écosse. Contrairement à des villes comme Liverpool ou Manchester, la vague d'immigration provoquée par la grande famine qui a ravagé l'Irlande de 1845 à 1852 n'est pas exclusivement catholique. Un nombre significatif d'Irlandais unionistes et protestants, descendants des colons écossais partis annexer l'Ulster au XVIIe siècle, revient dans l'ouest du pays. Ils y importent l'ordre d'Orange, une société protestante et maçonnique créée en Irlande du Nord lors de conflits antérieurs.

De quoi exporter certaines tensions, d'autant qu'une part considérable des immigrés catholiques vient également d'Ulster. Le communautarisme prend de l'ampleur. L'assimilation était naturelle pour la première génération d'Irlandais, arrivés par choix avant la famine, à travers notamment les mariages avec des autochtones, mais la seconde se regroupe dans des taudis surpeuplés, pour se protéger d'un climat devenu hostile et parce que le catholicisme y est mieux implanté, des églises et des écoles ayant été construites afin d'assurer un système d'éducation parallèle.

Le Celtic est rapidement associé à l'Irish Home Rule, le principal courant politique nationaliste, qui milite pour une Irlande réunifiée et la création d'un parlement indépendant à Dublin. En 1892, Michael Davitt, l'un des fondateurs de l'Irish National League, un parti proche du mouvement indépendantiste, plante la première motte de gazon de l'actuel Celtic Park, avant d'être nommé membre d'honneur.

Nombre d'historiens s'accordent à dire que 1912 est un tournant. Les chantiers navals Harland and Wolff s'établissent à Govan, en provenance de Belfast. Ils ont la réputation de n'embaucher que des protestants. De quoi attirer de nombreux orangistes, qui gagnent leur croûte à deux pas d'Ibrox Park, le stade des Rangers. Volontairement ou non, le constructeur du *Titanic* contribue à faire sombrer de manière irréversible la rivalité dans la haine. Les Rangers comptaient jusque-là des joueurs catholiques dans leurs rangs. Ce ne sera plus le cas de la fin de la première guerre mondiale à 1989.

LE MIROIR DES TROUBLES IRLANDAIS

L'entre-deux-guerres n'apaise pas les esprits. La guerre civile irlandaise rythme celle que se livrent les gangs catholiques et protestants de Glasgow. Peu après l'indépendance, l'Église presbytérienne d'Écosse publie un manifeste intitulé *La menace de la race irlandaise pour notre identité écossaise.* Ambiance. « L'identité principale de l'Écosse jusqu'à la sécularisation est le protestantisme », explique Sir Tom Devine, professeur d'histoire émérite à l'université d'Edimbourg. À Glasgow, les garants de cette identité sont les Billy Boys, dont les activités favorites consistent à se battre à coups de rasoir, parader en fanfare dans les rues catholiques et perturber les manifestations pro-communistes, lorsqu'ils ne sont pas chargés d'assurer le service de sécurité des candidats unionistes ou de la Scottish Protestant League, leur parti le plus radical. Détail d'importance : ils accompagnent leur leader, Billy Fullerton, à Ibrox Park pour déclencher des incidents ou recruter de nouveaux Billy Boys, selon l'humeur. Ce leader polyvalent rejoindra par la suite le parti fasciste britannique d'Oswald Mosley, avant de créer sa propre branche du Ku Klux Klan. La ville plonge dans le chaos, alors que le jeudi noir de 1929 porte l'estocade à son économie autrefois florissante.

Dans les années 1960, débute le processus de sécularisation. Il change la donne. L'Eglise perd graduellement de son contrôle, au profit de l'État-providence. « C'est à ce moment précis qu'éclatent les Troubles en Irlande du Nord, qui trouvent un écho dans les travées de Celtic Park et d'Ibrox. L'Écosse craint une répercussion de cette situation explosive, comme dans les années 1920. Les partis politiques évitent la question lors des débats afin de ne pas jeter d'huile sur le feu », raconte Graham Walker, professeur d'histoire politique à la Queen's University de Belfast.

Les allées et venues régulières de ferries pleins à ras bord de supporters du Celtic et des Rangers en provenance d'Ulster ne favorisent pas l'accalmie. Pas plus que les politiciens unionistes ou républicains nord-irlandais qui, moins soucieux de maintenir le calme que leurs homologues écossais, n'hésitent pas à s'afficher à la télévision avec des signes distinctifs des clubs du Old Firm. Trente ans durant, les Troubles déchirent l'Irlande. Selon leur allégeance, les supporters écossais rendent hommage en chanson aux groupes paramilitaires armés : l'Irish Republican Army (IRA) pour les uns, l'Ulster Volunteer Force (UVF) pour les autres.

Les allées et venues régulières de ferries pleins à ras bord de supporters du Celtic et des Rangers en provenance d'Ulster ne favorisent pas l'accalmie.

Contrôle à l'entrée du stade Ibrox lors d'un match de derby entre les Glasgow Rangers et le Celtic à Glasgow, en Écosse, en 1957.

Sans doute plus férus d'histoire, les habitués d'Ibrox glorifient même les fameux Billy Boys, dans une chanson où les *fenians*, terme péjoratif désignant les nationalistes irlandais, sont invités à se soumettre, sous peine de baigner dans leur propre sang. Côté terrain, les derbies se déroulent souvent dans un climat délétère. La plupart du temps issus du sérail, les joueurs s'identifient totalement au maillot qu'ils portent. Cinq jours après l'assassinat d'une figure de l'UVF, Andy Goram, le gardien emblématique des Rangers, se permet même l'excentricité de porter un brassard noir. Il se justifiera en évoquant un hommage à sa tante. Vrai ou faux, le mal est fait.

UN FOURRE-TOUT POLITIQUE DÉLIRANT

Avec un ordre orangiste vieillissant, des mariages mixtes qui n'ont jamais été aussi nombreux (en 2010, 60 % des catholiques baptisés sont mariés à des non-catholiques), des repentis de l'IRA ou de l'UVF de Belfast recyclés en chauffeurs de taxi n'hésitant pas à conter leurs exactions passées aux touristes, après les accords de paix du Vendredi saint en Irlande, en 1998, la religion ne semble plus être le principal catalyseur des tensions. Grand maître honorifique de l'ordre orangiste, Danny Houston admet dans *Football Against the Enemy*, de Simon Kuper (non traduit), qu'il lui était « égal que les Rangers fassent signer un joueur catholique. Mais, dans l'ouest de l'Écosse, être catholique est synonyme de républicanisme irlandais ».

Les identités sont figées dans l'imaginaire : les uns sont catholiques, rebelles, tolérants (ça semble un peu contradictoire) et travaillistes ; les autres sont protestants, unionistes et conservateurs. L'idée n'a jamais été plus approximative qu'aujourd'hui. « Je suis pro-indépendance, comme beaucoup de supporters des Rangers. Beaucoup de groupes de cette tendance existent sur les réseaux sociaux », témoigne Andy, supporter des Rangers et issu d'une famille mixte, dans laquelle la religion n'a que peu d'importance. À Ibrox, les drapeaux écossais essaiment plus facilement que par le passé.

Les divergences s'aventurent sur des terrains inattendus. « Il y avait presque plus de drapeaux palestiniens et israéliens que d'irlandais et britanniques lors de la finale de la Coupe d'Écosse », rapporte Alex Anderson, journaliste et régulier d'Ibrox. Du fait de son héritage, une part non négligeable des fans du Celtic se sent proche de peuples qu'elle juge sous le joug d'un oppresseur. Outre de la Palestine, il n'est pas rare de voir fleurir à Parkhead des drapeaux du Pays Basque ou de l'Espagne républicaine. Rien n'est désormais plus important que d'affirmer sa différence sur le terrain politique, parfois au détriment du club. Les ultras de la Green Brigade brillent par des tags désobligeants lorsqu'un club israélien vient défier le Celtic ou Israël l'équipe d'Écosse. Pire, sur Twitter, lorsque le Celtic souhaite une joyeuse Hanouka à Hatem Abd Elhamed, en difficulté sportive et personnelle, les réponses haineuses pullulent. Moins dramatique mais pas moins symbolique, la compétition de la charité. Quand la Green Brigade collecte des fonds pour les enfants palestiniens, les Union Bears envoient des cadeaux aux soldats britanniques en Afghanistan.

Plus localement, les chants sectaires, surtout côté Rangers, ne résonnent plus que rarement, mais ils sont une aubaine pour certains dans un climat politique tendu depuis le référendum de 2014 sur l'indépendance de l'Écosse. Alex Anderson regrette que « le parti indépendantiste écossais (SNP) ait besoin de donner l'impression de combattre des unionistes, favorisant ainsi le retour des Tories (les conservateurs) en Écosse ». Les récentes manifestations autour du Brexit ou en faveur de Black Live Matters affolent une police sur le qui-vive, qui s'efforce d'empêcher, avec plus ou moins de succès, les supporters les plus extrémistes et virulents d'en découdre. Surtout lorsque des symboles comme la statue de Guillaume d'Orange sont dégradés. L'indépendance, encore potentielle, adoucira peut-être un jour le climat. Il sera temps alors de trouver de nouvelles causes politiques à soutenir pour les uns, leurs opposées pour les autres, histoire de rappeler au monde que rien ne les unit. Le Old Firm est d'une redoutable ingéniosité en la matière. ■

Tous propos recueillis par GS, sauf ceux de Sir Tom Devine et Graham Walker, tirés de *Inside the Divide : One City, Two Teams... The Old Firm*, de Richard Wilson.

Grégory Sokol
Littéraire pataugeant dans l'informatique et passionné de ballon rond, élevé en terre de rugby. Maîtrise du contre-pied et de l'accent glaswégien. Centriste lorsqu'il s'agit du Old Firm, je suis ravi d'apporter ma pierre à l'édifice de l'After (ou plutôt au déficit (sic), mais il faut que le lecteur ait la référence ;)

LES PUNCHLINES DE L'AFTER

PAR JÉRÔME THOMAS

FOOTBALLEURS ET LANGUE FRANÇAISE : LES FAUX AMIS

« Moi, avec Ronaldinho, j'en ai encaissé, des couleuvres. »

(C'est moins pénible que de les avaler)

LUIS FERNANDEZ

Émission Luis Attaque, en 2014

« C'est intéressant d'avoir plusieurs arcs à son flèche. »

HENRI SAIVET

Milieu de terrain de Bordeaux, en 2013

« On a plusieurs flèches à notre arc, comme on dit. »

BOULAYE DIA

Attaquant de Reims, en 2019

« On essaye d'avoir plusieurs flèches à notre arc, ou plusieurs cordes… Je sais pas comment dire... On essaye d'avoir plusieurs armes. »

(Voilà, c'est plus prudent)

YUNIS ABDELHAMID

Défenseur de Reims, en 2021

« Rabiot, il m'a fait sortir de mon gong. »

(Ce Rabiot en a agacé plus d'un)

LUIS FERNANDEZ

Émission Luis Attaque, en 2015

« J'essaye de faire de mon mieux, d'apporter ma pierre au déficit. »

SOULEYMANE CAMARA

Attaquant de Montpellier, en 2013

« Écoutez, je pense qu'on ne va pas brûler la peau de l'ours avant de l'avoir vendue. »

(Ah oui, sinon, aucune chance de la vendre)

HENRI BEDIMO

Défenseur de Montpellier, en 2012

« Je pense qu'aujourd'hui, on ne va pas se permettre de tuer l'ours avant la fin du championnat. »

(Non, c'est interdit)

HENRI BEDIMO

Défenseur de Montpellier, en 2012

« Ça nous a remis les épaules sur la tête. »

(Sagna, professeur d'anatomie inversée)

BACARY SAGNA

Défenseur des Bleus, en 2014

Pour ceux qui auraient un doute (ça arrive même aux meilleurs), rappelons que, parmi nos chatoyantes expressions et locutions hexagonales, on trouve : "avaler des couleuvres", "avoir plusieurs cordes à son arc", "sortir de ses gonds", "apporter sa pierre à l'édifice", "ne pas vendre la peau de l'ours avant de l'avoir tué", et "avoir la tête sur les épaules".

Soutien affiché de Boris Johnson aux Three lions avant la finale de l'Euro 2020, devant le 10 Downing Street, le 9 juillet 2021.

LA SUPERLIGUE, PAIN BÉNIT DES DÉMAGOS

L'annonce de la création d'une Superligue européenne a déclenché une tempête médiatique sur tout le continent. Parmi les premiers à réagir, le monde sportif, vite suivi par les politiques, au plus haut niveau. La Superligue est alors devenue une affaire d'État. À raison ?

PAR **OLIVIER BABEAU**

Emmanuel et Brigitte Macron à Clairefontaine-en-Yvelines, le 10 juin 2021, avant le coup d'envoi de l'Euro 2020.

Qui peut encore considérer le foot comme un simple sport ou un divertissement, au sens pascalien d'activité qui détourne de l'essentiel ? Personne. Avec la Superligue, on en a eu la confirmation. En France, Emmanuel Macron lui-même, président de la République, s'est opposé publiquement au projet, assurant que « l'État français appuiera(it) toutes les démarches de la LFP, de la FFF, de l'UEFA et de la FIFA pour protéger l'intégrité des compétitions fédérales, qu'elles soient nationales ou européennes ». Le Premier ministre britannique, Boris Johnson, a lui aussi protesté, à sa manière. Son ministre des Sports, Oliver Dowden, est allé dans le même sens, sans sous-estimer le sujet : « Nous n'hésiterons pas non plus à protéger l'une de nos plus grandes institutions nationales : le football. » Viktor Orbán a fait part de son mécontentement, rappelant que « la Hongrie est convaincue que la beauté et la splendeur de ce jeu, le plus populaire du monde, résultent du fait que ce sport appartient à tout le monde et ne peut être exproprié par les plus riches ».

De façon instructive, la Commission européenne, à travers la voix de son vice-président en charge des valeurs européennes, Margarítis Schinás, a rappelé que « les sports, y compris le football, sont des éléments du tissu social ». Rien moins. Mario Draghi, qu'on ne peut soupçonner d'être un ennemi des marchés, a semblé faire écho à ce propos quand il s'est engagé à « soutenir fermement la position des autorités des footballs italien et européen pour protéger les compétitions nationales, les valeurs méritocratiques et les fonctions sociales du sport ».

Le président du Conseil italien touche du doigt l'une des raisons qui font du football un sujet d'intérêt particulier pour les responsables politiques. En Europe, le sport de façon générale et, compte tenu de sa popularité inégalée (en France, la FFF compte près de 1,8 million de licenciés, bien plus que le tennis, qui le suit avec moins d'un million), le ballon rond en particulier font partie de notre vie quotidienne, quelle que soit l'origine sociale. À ce titre, ils sont des institutions sociales: ils contribuent à organiser l'existence, à la façonner, à la structurer.

Ce n'est donc pas un hasard si les régimes politiques s'y intéressent: les dictatures, évidemment (en 1934, l'Italie fasciste prend grand soin de retransmettre les matchs de la Coupe du monde qu'elle organise), mais les démocraties également - imagine-t-on un président français ne se rendant pas à la finale d'une coupe nationale?

Le sport est une part de notre identité collective. Les équipes nationales se sont structurées comme des incarnations des nations. Les compétions internationales en sont le reflet: il y a du patriotisme dans la manière dont les Français vibrent pour soutenir leur équipe - comme, au niveau local, lorsque les supporters d'un club se mobilisent pour sa victoire. Les équipes sont assimilées aux entités politiques qu'elles représentent: on parlera ainsi du match de « la France », de « Marseille », « Lyon » ou « Paris », tant les équipes incarnent un collectif qui les dépasse le temps du jeu. Le club est un emblème, local ou national.

Affiche pour le Mondial de foot à Calcio (Italie), en 1934.

Plus encore, le sport favorise, on le sait, le dépassement collectif: à travers la performance sportive, les supporters de toutes origines, de tous partis, de toutes professions se retrouvent pour encourager et célébrer leur équipe. Le sport catalyse l'idée de nation. Les équipes de football sont en quelque sorte les incarnations sportives des corps nationaux. Certaines équipes ont joué un rôle politique très important. Citons les Éléphants de Côte d'Ivoire, qui ont largement œuvré à la réconciliation d'un pays miné par la division.

L'ART DE SOUTENIR LES SUPPORTERS

Ce n'est pas une nouveauté: les supporters aiment qu'on les flatte. Un ancien président du Parlement européen avait ainsi l'habitude, avant chaque déplacement, de se renseigner en amont sur les performances du club de football local - cela lui servait à entamer la conversation, avec succès.

À l'inverse, les supporters sont humiliés lorsque leur équipe est défaite. Cela peut même devenir un enjeu national. Rappelez-vous le cafouillage lamentable de l'équipe de France en 2010: il avait conduit la ministre des Sports de l'époque à annoncer un audit de la Fédération française de football. Le Parlement avait envisagé de créer une commission d'enquête.

Ce nationalisme footballistique s'exprime aussi de façon moins positive. En 2002, les sifflets contre *la Marseillaise* ont conduit le président Chirac, ulcéré, à quitter les tribunes du Stade de France lors de la finale de Coupe de France opposant Lorient à Bastia.

En définitive, il est presque inconcevable pour des politiques qui ont pris l'habitude de se muer en commentateurs de ne pas se jeter dans la mêlée pour indiquer aux supporters-électeurs qu'ils sont bien du « même camp », dans la « même équipe » en somme.

Le football est bien « la politique poursuivie par d'autres moyens », comme l'écrit l'historien du football Paul Dietschy, paraphrasant deux siècles après le grand stratège militaire prussien Clausevitz. Et il

15 juin 2021, le Premier ministre hongrois, Viktor Orbán, dans les tribunes, avant le match de l'Euro Hongrie-Portugal.

n'est pas neutre: les résultats sportifs ont un impact politique. Qu'on se souvienne des débats autour de l'« effet Mondial », dont on s'est demandé s'il servirait le président Macron; ou la célébration heureuse de la France « black-blanc-beur » de 1998.

Dans l'affaire de la Superligue, force est de constater que les responsables politiques qui ont, un peu facilement, dénoncé les « plus riches », explicitement comme Viktor Orbán, implicitement comme la plupart des autres, ont fait assaut de démagogie, transposant dans l'arène sportive un discours qui fait écho aux inquiétudes des citoyens en matière d'inégalités. En montrant à peu de frais leur opposition à une compétition présentée comme un projet des « puissants », ils se sont placés du côté des « petits », qui craignent que le succès des uns ne fasse le malheur des autres, les condamnant à ne pouvoir évoluer dans leur vie.

IGNORANCE OU HYPOCRISIE ?

Par ailleurs, cette « sur-réaction » a révélé une nouvelle fois que les politiques se leurrent doublement à propos du football.

Ils se trompent d'abord sur la nature de l'activité sportive, faisant semblant d'ignorer que le football est une activité économique - autrement dit, un business. Sans fausse pudeur, il n'y a rien de déshonorant à être créateur de richesse - et donc d'emplois, comme de satisfaction des spectateurs.

Je l'ai montré dans un rapport réalisé pour l'institut Sapiens, cette évolution du football vers une plus grande professionnalisation s'inscrit dans une ligne historique, en France comme ailleurs, depuis le XXe siècle. C'est cette transformation continue qui permet aux spectateurs d'apprécier un football qui ne cesse de s'améliorer. Sans elle, il n'y aurait pas les grands clubs d'aujourd'hui, ni les belles compétitions. À cet égard, les politiques - et souvent les fans - font preuve d'hypocrisie, dénonçant les conséquences de phénomènes dont ils chérissent les causes.

Ils se trompent également de cible. Pour lancer la Superligue, les grands clubs n'ont fait preuve ni de finesse, ni d'une bonne connaissance des fans. Cela étant, il n'en reste pas moins que leur initiative se heurte à une entente des institutions du football pour interdire la concurrence. Dans d'autres sports, comme le patinage artistique, la justice européenne a déjà sanctionné ce genre de pratique, qui vise à préserver un monopole en interdisant à d'autres acteurs du secteur de proposer des offres différentes, sinon meilleures, aux consommateurs. Après tout, en quoi serait-il illégitime d'avoir plusieurs compétitions parallèles ? La Ligue des champions n'a-t-elle pas été créée pour répondre, déjà, à un projet de ligue concurrente ?

En l'espèce, en attendant les conclusions de la justice européenne, un tribunal espagnol a déjà donné raison aux fondateurs de la Superligue.

En s'y opposant par principe, les politiques tombent dans la facilité, suivant ce qu'ils considèrent comme l'expression de l'opinion publique. Ils croient défendre la veuve et l'orphelin, alors qu'en réalité ils protègent les rentiers. ■

Olivier Babeau

Olivier Babeau est professeur à l'université de Bordeaux et président-fondateur du think tank Institut Sapiens. Essayiste, il a publié plusieurs ouvrages dont *Le nouveau désordre numérique, Comment le digital fait exploser les inégalités* (Buchet-Chastel, 2020).

LES PUNCHLINES DE L'AFTER

PAR JÉRÔME THOMAS

FOOTBALLEURS ET LANGUE FRANÇAISE : LES FAUX AMIS

« J'espère que la routourne va vite tourner pour lui et surtout pour nous, parce qu'on en a besoin. »

(La fameuse routournelle)
FRANCK RIBÉRY
Milieu de terrain des Bleus, en 2013

« Non non, c'était quand même assez dictatorial... C'était 'meurs ou crève'. »

(Donc, c'est sans espoir)
FRANCK LEBŒUF
Consultant RMC SPORT, en 2016

« C'est vrai que pour le moment, je suis en train de profiter. Comme on dit, le malheur des autres fait le bonheur des autres... »

(Y'en a que pour les autres)
JORDAN AYEW
Attaquant de l'OM, en 2012

« Jeune homme, vous ne pouvez pas dire l'inverse et son contraire toutes les 5 minutes. »

(C'est le jeune homme qui est cohérent, non?)
ELIE BAUP
Entraîneur de l'OM, en 2013

« Nan, mais je ne vais pas rentrer là-dedans, ça c'est pour vous, ça vous donne du pain à moudre... »

(Il a un grain, Lolo)
LAURENT BLANC
Entraîneur du PSG, en 2014

« On va se souder les coudes (...), on va défendre comme des morts de chien. »

(Complètement inutile de se souder les coudes, sauf en volley, au poste de réceptionneur)
ALAIN TRAORÉ
Milieu de terrain de Lorient, en 2012

« Il est tendu comme un i. »

(i : 9e lettre de l'alphabet, sans doute la plus rigide avec le t)
LUIS FERNANDEZ
Émission Luis Attaque, en 2014

« Les Rennais, ils se sont un peu mordu les dents sur notre bloc. »

(N'essayez pas chez vous)
CLAUDIO BEAUVUE
Attaquant de Guingamp, en 2014

Pour ceux qui auraient un doute (ça arrive même aux meilleurs), rappelons que, parmi nos chatoyantes expressions et locutions hexagonales, on trouve : "la roue tourne", "marche ou crève", "le malheur des uns fait le bonheur des autres", " une chose et son contraire", "du grain à moudre", "se serrer les coudes", "comme des morts de faim", "droit comme un i" et "se casser les dents".

INVESTISSEURS
L'ARGENT ACHÈTE (PRESQUE) TOUT

Mohamed ben Salmane,
prince héritier
d'Arabie Saoudite.

AUX NOUVEAUX RICHES, LE FOOT PRÉFÈRE LA TRADITION

Derrière la volonté affichée de la FIFA de réunir les habitants du monde de Melbourne à Reykjavik en passant par Pékin, il y a celle de vendre le foot à la planète entière. La bande à Infantino vise d'abord des parts de marché.

PAR **DANIEL RIOLO**

Cheikh Hamad ben Khalifa Al Thani.

Que le foot soit le sport le plus pratiqué, on est d'accord. Le plus regardé, aussi, ce qui suffit à en faire le plus populaire au monde. Malgré ça, le foot est une sorte de propriété privée. Les décisions se prennent en Europe, en Suisse plus précisément. C'est le centre névralgique. C'est sur le Vieux Continent également que se joue la plus grande compétition de clubs et qu'évoluent les meilleurs joueurs. Comme en Europe, le foot n'est une « affaire sérieuse » qu'en Amérique du Sud et en Afrique. Ça donne une drôle de couleur au terme d'universalité.

La FIFA veut évangéliser le monde, mais n'y parvient pas vraiment. Première étape, la conquête de nouveaux marchés, première tentative, les États-Unis. L'arrivée rocambolesque de Pelé à New York, dans les années 1970, devait être suivie de l'organisation de la Coupe du monde 1986, mais l'Amérique n'était pas prête. Le Mondial s'est finalement échoué au Mexique. On a bien joué un Mondial aux USA, en 1994, mais vingt-sept ans plus tard, le foot n'y est toujours pas une « affaire sérieuse ».

Il bouleverse la vie des gens sur trois continents, pas ailleurs. Au mieux, et c'est déjà beaucoup, ailleurs, on vend le produit – l'Asie est devenue un marché stratégique il y a des années. On y crée des spectateurs, mais on ne va pas au-delà. La Coupe du monde conjointe du Japon et de la Corée du Sud, en 2002, a donné l'occasion aux deux sélections hôtes de briller (même si la Corée du Sud a été bien aidée par un arbitrage à la maison), mais qu'en reste-t-il ? Pas grand-chose. Après l'émergence d'une poignée de joueurs de haut niveau, les sélections ont reculé dans la hiérarchie mondiale.

Ce conservatisme s'accompagne d'un vrai mépris de l'autre. Le Mondial Japon-Corée a entraîné une vague de réactions du genre : « Pourquoi jouer dans un pays qui n'y connaît rien ? » L'alternance Europe-AmSud, qui a prévalu jusqu'en 1994, convenait aux vrais connaisseurs, alors qu'organiser une Coupe du monde aux États-Unis ou au Japon relève de la fantaisie marketing. Le faire au Maroc en 2010 n'aurait soulevé aucune controverse, mais en Afrique du Sud, l'un des rares pays du continent à ne pas être dingue de foot ? Même raisonnement pour le Mondial 2022 au Qatar qui, en outre, oblige à bouleverser le calendrier et à repousser la compétition à l'automne. On aura fini d'avoir la nausée quand sera venu le tour de la Chine.

Elle aussi a essayé. Une bonne grosse politique à la communiste. On force les gamins à jouer au pays, on balance des millions pour attirer de vieilles gloires, on achète des clubs, bref, on planifie et à la fin, on s'écroule. Les joueurs sont partis là-bas pour se gaver. En Europe, les clubs rachetés ne décollent pas. En France, on a eu pire : l'achat du championnat lui-même. On sait tous comment ça s'est terminé.

À lui seul, le Qatar est un cas d'école. On ne veut pas le voir, pourtant, cette région du monde est fan de foot.

À lui seul, le Qatar est un cas d'école. On ne veut pas le voir, pourtant, cette région du monde est fan de foot. On y « soft powerise » à tour de bras. Doha, Abu Dhabi, maintenant l'Arabie Saoudite, ça fait trois nouveaux énormes investisseurs en Europe. Et pourtant, peu importe ce qu'ils font, en bien ou en mal, aux yeux des conservateurs, ils auront toujours l'air du Russe qui mélange vin rouge et Coca-Cola sur la Côte d'Azur. Ou du pauvre type qui pense manger une pizza chez Domino's. À part les Ultras des clubs qu'ils financent (et encore, il y a des réfractaires), personne n'approuve l'arrivée de ces étrangers aux poches pleines. Le patron du foot espagnol, Javier Tebas, passe ses journées à flinguer le Qatar.

Qui encore ? La Russie. Pourtant, le foot existe là-bas. Grâce à l'Ukraine, l'URSS a accouché de nombre de grands joueurs et de belles sélections. Justement, c'était l'Ukraine, moins la Russie. Alors, on a tenté d'y développer le football par l'oseille. Rappelez-vous le FC Zenit de Gazprom, qui dépense sans compter. Et l'Anji Makhachkala au Daghestan. Le grand Samuel Eto'o est allé y soigner son plan épargne retraite. Moscou voulait créer un championnat russe fort. Echec.

Faut-il parler de l'Inde et de la tentative ridicule de ligue à huit franchises ? Robert Pirès, David Trezeguet, Nicolas Anelka, Alessandro Del Piero, Marco Materazzi, entre autres, ont pris de beaux chèques pour finalement ne rien laisser derrière eux.

Malgré le travail des marchands de la FIFA, le foot n'aime pas les pièces rapportées. On peut trouver mille incohérences, contradictions ou hypocrisies derrière ce rejet. Mais les conservateurs résistent et se régalent à constater qu'on n'achète pas une culture. ■

École Huangyadong à Changzhi (Chine), où le foot est une matière principale.

CHINE ET FOOT DE PIRE EMPIRE

En 2015, en attirant des stars dans son championnat, la Chine devenait l'un des nouveaux acteurs forts du football. Depuis, la Grande Muraille du ballon rond se fissure, au point que ses principaux clubs sont menacés de disparition.

PAR **KEVIN VEYSSIERE**

En 2017-2018, la Chinese Super League était considérée comme un championnat attractif et de qualité. Mais ensuite, les choses ont changé. On a demandé aux clubs d'aligner plus de jeunes joueurs sur le terrain. Certains n'étaient pas assez bons pour jouer, mais il fallait les faire participer aux matchs – même quelques minutes – parce que la ligue l'impose. »(1) Le constat de Fabio Cannavaro, qui a démissionné de son poste d'entraîneur du Guangzhou FC en septembre dernier, illustre bien la situation du football chinois. Alors que la Chine voulait devenir la nouvelle superpuissance du ballon rond, à coups de millions de yuans, elle fait aujourd'hui machine arrière. La folie dépensière des clubs, frappés de plein fouet par la crise économique liée au Covid-19, n'a pas permis à l'équipe nationale de se bonifier ni d'exporter ses talents locaux dans les grands championnats étrangers. À titre d'exemple, en mai dernier, la Fédération de football chinoise a sélectionné pas moins de cinq joueurs naturalisés pour tenter d'éviter l'élimination lors des qualifications pour la prochaine Coupe du monde au Qatar.

Il faut dire que la deuxième puissance mondiale est encore loin de jouer les premiers rôles dans le sport le plus populaire au monde : 75e nation au classement FIFA, entre la Macédoine du Nord et la Guinée. Pourtant, depuis quelques années, le régime du président Xi Jinping tente tant bien que mal de mettre la Chine au football, pour en faire l'un des leaders mondiaux.

LE FOOTBALL CHINOIS PART DE LOIN

Depuis son accession au pouvoir, en 2013, Xi Jinping veut accélérer la transformation footballistique du pays. L'État chinois y voit d'abord un moyen d'unifier la nation autour d'un grand projet sportif fédérateur, capable de faire briller le pays hors de ses frontières. C'est le « rêve chinois ». Un symbole fort, que pourrait incarner la sélection nationale, surnommée l'Équipe du dragon. Mais derrière cet enjeu interne, se dessinent des ambitions géopolitiques. La Chine se doit de maintenir son statut de grande puissance mondiale sur tous les terrains, y compris sportif. On le voit aux Jeux olympiques, où la Chine figure désormais parmi les pays les mieux classés au tableau des médailles, jusqu'à concurrencer son grand rival, les États-Unis, depuis les JO de 2008 à Pékin. On en est loin en matière de football. Aucune victoire en Coupe d'Asie (deux finales seulement, en 1984 et 2004) et une seule participation à l'un des événements sportifs les plus médiatisés, la Coupe du monde, un passage humiliant au Mondial 2022, avec un zéro pointé, trois défaites et aucun but inscrit.

Pour remédier à ces lacunes, Pékin tape du poing sur la table. Le régime veut libérer le football chinois de ses maux : corruption, mauvaise gestion, absence de formation... En 2015, Xi Jinping présente donc un plan sportif ambitieux à moyen et long terme. Il voit grand : il était prévu de construire en 2020 20 000 écoles de football et 70 000 terrains, pour que près de 90 millions de chinois pratiquent ce sport. En 2030, la sélection nationale devait être capable de rivaliser avec les grandes équipes asiatiques, et rivales, que sont la Corée du Sud et le Japon. En 2050, soit un an après le centenaire de la République populaire de Chine, l'objectif était le top 20 mondial et l'organisation d'une Coupe du monde, voire la victoire. Avant d'en arriver là, encore faut-il construire un onze au niveau.

QUAND L'EMPIRE DU MILIEU PASSE À L'ATTAQUE

La Chine s'y met dès 2015, avec le lancement de nombreux projets : rendre le championnat national (la Chinese Super League) plus compétitif, en y attirant de grands joueurs internationaux et en s'appuyant sur les finances de grandes entreprises ; investissements par le biais de sociétés privées dans les clubs européens ; formation de jeunes joueurs locaux. Sur ce dernier point, le cas le plus emblématique des ambitions démesurées de la Chine a un nom :

Aucun grand talent n'a émergé : les enfants ont un bon niveau technique, mais la grande différence se fait tactiquement, notamment dans les prises de décision.

Mai 2013, à Pékin : des enfants s'entraînent sous l'œil du président chinois Xi Jinping.

la Guangzhou Football School.

Cette véritable usine à foot est la plus grande des 20 000 académies mises en place par le régime chinois pour forger ses talents de demain. Elle est installée sur 2 000 hectares, compte plus de 50 terrains et forme près de 2 500 jeunes Chinois à la pratique du ballon rond. Pour les encadrer, une centaine d'éducateurs, venus d'Europe, en particulier du Real Madrid, pour leur dispenser un enseignement cinq étoiles.

La partie est loin d'être gagnée. La culture football n'est pas ancrée dans le pays. Le basket, la natation, la gymnastique, le badminton ou le tennis de table sont plus appréciés de la population, d'autant que leurs champions remportent des succès internationaux et rapportent des médailles. Pour créer un engouement autour du ballon rond, l'émergence d'une icône nationale aiderait beaucoup, comme cela a été le cas pour le Japon avec Hidetoshi Nakata en 1998, qui est devenu l'un des joueurs nippons les plus prisés d'Europe et dont l'image a inspiré de nombreux jeunes en Asie.

La Chine utilise tous les moyens possibles pour que les Chinois s'identifient au football, comme faire reconnaître par la FIFA en 2004 qu'il serait né en Chine, avec la pratique ancestrale du « cuju ». Le président de la FIFA, Sepp Blatter, déclare alors que « le football est originaire de Chine. Le football est non seulement votre orgueil, la fierté du peuple chinois, mais aussi la fierté du monde, des fans de football et de la Coupe du monde »(2).

Force est de constater que, jusqu'à présent, le football chinois peine à tenir la promesse. La formation chinoise n'a permis de faire émerger aucun grand talent. Selon les éducateurs de la Guangzhou Football School , « les enfants ont un bon niveau technique, mais la grande différence se fait tactiquement, notamment dans les prises de décision »(3). Depuis la mise en place du grand plan chinois, un seul international a réussi à s'exporter, l'attaquant Wu Lei, qui a rejoint en 2019 la Liga

12 novembre 2020 : Fabio Cannavaro, entraîneur principal du Guangzhou Evergrande Taobao, passe devant le trophée de la Super League chinoise (CSL) remporté par le Jiangsu Suning.

C'est pas fini, l'île de la Tentation ?

et l'Espanyol de Barcelone.

Ces résultats décevants expliquent en partie le changement de stratégie de la Chine vis à vis de son championnat national. En 2015, au moment où la Chinese Super League souhaite entrer dans une nouvelle ère, des investissements colossaux sont débloqués. Les plus grandes entreprises chinoises investissent massivement dans les clubs, avec la volonté d'attirer des stars étrangères. Sur le marché des transferts, les montants sont faramineux : 168 millions en 2015, 258 millions en 2016, 388 millions en 2017. Ces sommes folles attirent des noms reconnus sur la scène européenne, comme Lavezzi, Pato, Witsel ou le brésilien Oscar, pour 60 millions d'euros. Le plus gros coup a lieu en 2016, lorsque Carlos Tévez signe au club du Shanghai Shenhua. Il devient par la même occasion le footballeur le mieux payé de la planète, avec un salaire de 38 millions d'euros par an. La Chine est le nouvel Eldorado du football.

Mais l'Eldorado dépérit. En 2019, la Chine commence à revoir sa copie. Les nombreuses stars étrangères n'ont pas fait émerger de joueurs locaux. Les scandales de corruption autour des clubs ont poussé les autorités chinoises à prendre des mesures drastiques : *salary-cap*, encadrement des dépenses de transfert, mise en place de quotas de joueurs étrangers par club. Cela n'empêche pas la crise de rattraper les clubs chinois. Vainqueur du championnat en 2020, le Jiangsu Suning met la clé sous la porte en 2021. La situation économique délicate pousse les joueurs et entraîneurs étrangers, comme Hulk ou Rafa Benitez, à plier bagage.

Alors qu'après la crise du Covid, les affluences remontent (quelque 20 000 spectateurs par match), d'autres clubs importants se retrouvent en difficulté. Qualifié pour la Ligue des champions d'Asie en remportant la Coupe de Chine, le Shandong Luneng de Marouane Fellaini est exclu de la compétition en 2021, en raison de lourdes dettes. Le plus grand groupe immobilier de Chine, Evergrande, propriétaire du club de Guangzhou, est au bord d'une faillite qui pourrait entraîner celle du club. Pour limiter l'impact des grandes entreprises, la fédération chinoise a interdit, à partir de la saison 2021, que figure le nom des sponsors dans le nom des clubs.

Parallèlement, les entreprises chinoises se désengagent des grands clubs européens. En 2018, deux ans seulement après l'avoir acquis, le businessman Yonghong Li et la société Haixia Capital lâchent le Milan AC, faute de garanties financières. Suning, propriétaire de l'Inter Milan, prendra-t-il le même chemin ? En grande difficulté économique, le groupe a déjà mis fin, comme on l'a vu, aux activités de son club de Jiangsu en 2021. Pour réduire les dépenses en Italie, les perles Hakimi et Lukaku ont été vendues cet été. Cela suffira-t-il ? Si Suning venait à vendre l'Inter, cela symboliserait un peu plus encore la cure d'austérité chinoise.

RETOUR À LA CASE DÉPART ?

Même si la Chine tend à se reconcentrer sur elle-même et ses joueurs locaux, l'équipe nationale a toujours besoin de l'expérience étrangère pour combler son retard. Cela passe d'abord par les sélectionneurs, comme Marcelo Lippi, nommé en 2015. Mais l'illustre entraîneur italien a bien du mal à faire progresser la sélection, avant de jeter l'éponge en 2020. Les rênes de la Dragon's Team sont alors confiées à l'ex-international Lie Tie.

Le niveau des joueurs locaux est encore loin des standards asiatiques. La Chine doit donc passer par la case naturalisation pour tenter de progresser – au moins se qualifier pour une nouvelle Coupe du monde. Plusieurs joueurs étrangers évoluant dans le championnat local en 2019 prennent la nationalité chinoise : les Britanniques Nico Yennaris et Tyias Browning, les Brésiliens Fernando Henrique, Alan et Elkeson. La méthode interroge. Mais comme le répète le président de la Fédération de football chinois, Chen Xuyua : « Nous disons souvent que nous devons montrer aux gens que le football chinois progresse. Mais si nous sommes éliminés à ce stade, les autres penseront que nous avons dérapé au lieu de nous améliorer. »(4)

C'est ce qui a failli se passer au 2e tour des qualifications Asie pour la Coupe du monde, en mai dernier. La Chine a dû batailler pour accéder au tour suivant. Selon Diego Quer, auteur d'une étude sur le football chinois pour l'université d'Alicante, les joueurs naturalisés doivent surtout servir « de référence pour les jeunes joueurs chinois, être comme des modèles sur le plan technique, tactique, et surtout au niveau de leur professionnalisme, de leur attitude hors terrain concernant la récupération, l'hygiène de vie ».(5).

Verrons-nous la sélection chinoise à la Coupe du monde 2022 ? C'est mal parti. L'équipe est déjà distancée en qualifications Asie par l'Australie et l'Arabie Saoudite. Le « rêve chinois » ne se concrétisera donc probablement pas l'an prochain au Qatar. L'exposition internationale de la Dragon's Team aurait pourtant été un bon moyen de montrer la Chine sous un nouveau jour, autrement que comme l'oppresseur de la minorité ouïghours. Mais ne l'enterrons pas trop vite. La formation de jeunes joueurs chinois prometteurs prendra du temps. Il est illusoire d'imaginer l'équipe nationale chinoise jouer les premiers rôles à court terme, mais il se pourrait bien que le régime avance ses pions pour décrocher l'organisation de la précieuse Coupe du monde. Et faire ainsi de l'Empire du Milieu un empire du football. ■

(1) *L'Équipe* : Fabio Cannavaro s'inquiète de l'évolution du Championnat chinois

(2) *So Foot* : Le Cuju : où quand le football s'invente des origines chinoises

(3) *So Foot* : Guanghzou Football School : Ramenez la Coupe en Chine

(4) *France Football* : Mondial 2022 : la Chine prépare ses qualifications avec des cours d'histoire

(5) *So Foot* : La Chine, naturaliser plus pour gagner plus

Kevin Veyssière
Spécialiste de la géopolitique du sport, j'ai fondé en 2019 le média FC Geopolitics, qui compte aujourd'hui plus de 40 000 abonnés, et écrit le livre *Football Club Geopolitics*. Régulièrement invité dans L'After pour parler de Gilles Veissiere avec Jérôme Rothen.

LE *SOFT POWER*, ÇA

Entraînement du Paris Saint Germain à Doha (Qatar).

En France, l'image du Qatar n'est pas bonne, moins encore depuis qu'ont été rappelés ses liens avec les talibans afghans. La séduction par le football prônée par Doha est-elle en train d'échouer ? Rien n'est moins sûr.

PAR **CHRISTIAN CHESNOT**

En décembre 2010, l'annonce de l'attribution du mondial 2022 au Qatar a résonné comme un coup de tonnerre dans le ciel de la planète foot. À l'époque, qui connaissait cet État lilliputien du golfe Persique, à peine plus grand que la Corse, dont la population ne dépasse pas les 300 000 âmes ? Et surtout que savait-on de ses ambitions sportives, qui n'ont semble-t-il aucune limite ? C'est le cheikh Hamad ben Khalifa Al-Thani, père de Tamim, l'émir actuel, qui est à l'origine du « miracle qatarien ». Arrivé au pouvoir après un coup d'État en 1995, il n'a alors qu'une obsession : faire connaître le Qatar dans le monde entier. Et ça marche. Pour un pays qui n'a aucune tradition sportive, obtenir l'organisation d'une Coupe du

MARCHE VRAIMENT ?

monde de football est une sacrée performance.

Pendant longtemps, l'émirat, un doigt de désert qui se prolonge dans les eaux du golfe, vit dans l'anonymat le plus complet. Sa capitale, Doha, ressemble à une ville de province assoupie, où il ne se passe jamais rien. L'émirat somnole dans l'ombre de l'Arabie Saoudite.

Mais le cheikh Hamad a de l'ambition et des rêves. Et grâce à la manne gazière et pétrolière, il en a les moyens. Il multiplie les projets, plus grandioses les uns que les autres. Doha se couvre de gratte-ciels et de monuments, comme le musée d'Art islamique ou le musée National, dessiné par Jean Nouvel. Le cheikh Hamad est opportuniste. Il a compris l'importance du « soft power » pour faire rayonner son pays à l'heure de la mondialisation. Les investissements dans le sport en général et le football en particulier sont conçus comme une projection de la puissance de l'émirat, dont l'armée, forte d'une dizaine de milliers d'hommes, ne pèse pas lourd face à ses voisins iraniens, saoudiens ou irakiens.

À l'image du gaz, dont le Qatar maîtrise la production de A à Z, de l'exploitation jusqu'à son transport par une flotte de méthaniers, Doha souhaite industrialiser sa filière footballistique, pour la contrôler à tous les étages. Pour cela, le cheikh Hamad dépense sans compter.

C'est en 2006, avec les Jeux asiatiques de Doha, que démarrent les grands travaux d'infrastructures et d'équipements sportifs, sous une pluie de pétrodollars. ASPIRE, l'une des plus grandes académies sportives au monde, sort de terre, à côté du stade Al-Khalifah.

Sous son immense dôme, peuvent être pratiquées seize disciplines olympiques. ASPIRE dispose d'un hôpital consacré aux sportifs, où exercent les plus grandes sommités médicales. C'est ici, au moment de la trêve hivernale, que les grands clubs de foot européens viennent souffler et s'entraîner, dans la douceur hivernale de l'émirat.

Dans l'orbite de sa chaîne généraliste, Al-Jazeera, le Qatar crée une chaîne sportive, Al Jazeera Sport, qui devient bientôt BeIn Sport, rachète Burrda, un équipementier sportif suisse, et s'offre le PSG, en 2011, censé être le joyau de la couronne. Quand, le 25 juin 2013, le cheikh Hamad se retire du pouvoir, il lègue à son fils Tamim un bel héritage dans le football et le sport. À charge pour lui de le faire fructifier.

SOULEVER LA COUPE POUR NE PAS LA BOIRE

Cela tombe bien : le jeune émir – il est né en 1980 – est passionné de ballon rond. Il envoie en France son ancien entraîneur de tennis, Nasser al-Khelaïfi, pour présider aux destinées du club parisien. Ce dernier a carte blanche pour bâtir un grand d'Europe et gagner des trophées, et terrasser au passage son rival de Manchester City, propriété d'un émir des Émirats arabes unis, l'ennemi historique. Chez les Bédouins du Golfe, la jalousie est un moteur puissant.

Forcément, en devenant « club-Etat », avec ses ressources financières illimitées, le PSG suscite envie et railleries dans le monde du football. Le club version qatarienne bouscule l'équilibre financier de la Ligue 1, mais aussi de la Champions League. Pour le cheikh Tamim, l'argent qu'il dépense au PSG, ce sont des billets de Monopoly.

Quand la conjoncture géopolitique tourne mal pour lui, il dégaine le PSG, son arme de soft power. Surpris par le blocus aérien et terrestre de ses voisins saoudiens, émiratis, bahreïnis et égyptiens en juin 2017, l'émir sort son carnet de chèques et, avant la fin de l'été, achète Kylian MBappé, 180 millions d'euros, et le Brésilien Neymar, 222 millions d'euros. Comment accuser le Qatar de soutenir l'extrémisme religieux alors que les stars du football jouent pour lui ? Les Qatariens ont le sens de la com' et du timing.

Sur le plan sportif, avec le PSG, Doha met un pied dans le gotha européen, poussé par ses vedettes et son budget XXL. Mais, pour entrer dans la cour des très grands, il lui manque toujours un trophée majeur. L'édition de la Champions League 2022 sera-t-elle la bonne, après des années d'échecs successifs ?

Pour le cheikh Tamim, ce doit être l'année de la consécration. Une victoire du PSG en Coupe d'Europe serait le meilleur lever de rideau possible avant d'accueillir la Coupe du monde, qui débutera en novembre 2022. Le club parisien doit d'ailleurs effectuer une tournée promotionnelle dans l'émirat en janvier prochain, sa première depuis 2019. Après quatre jours à Doha, le « Qatar winter tour » s'achèvera par un match amical en... Arabie saoudite, à Riyad, contre une sélection des meilleurs joueurs des clubs d'Al-Hilal et Al-Nasr Riyadh.

Pour la Coupe du monde, l'émirat aura dépensé plus de 100 milliards de dollars en une décennie.

Le Mondial aura été l'occasion de construire une multitude d'infrastructures : autoroutes, ponts, aéroport, tramway, canalisations d'eau, réseau électrique, etc. Les huit stades de la Coupe du monde seront climatisés – chaque spectateur disposera d'une bouche d'air frais sous son siège ! Confortable, sinon écologique.

DES CONDITIONS DE TRAVAIL MONTRÉES DU DOHA

Il est aussi une face moins glamour du Mondial 2022. Depuis les premiers chantiers, les conditions de travail des immigrés asiatiques suscitent la critique. Selon le journal britannique *The Guardian*, les travaux de la Coupe du monde auraient causé la mort de près de 6 500 travailleurs. Selon Amnesty International, dans 70 % des cas, la cause du décès est indéterminée. « Les autorités qatariennes ont omis d'enquêter sur la mort de milliers de travailleurs migrants survenue au cours de la dernière décennie, malgré des preuves établissant un lien entre les décès prématurés et les conditions de travail dangereuses », dénonce un rapport récent de l'ONG.

Doha balaye ces accusations d'un revers de main, attribuant ces morts à des causes naturelles ou à des problèmes cardiaques. Officiellement, le travail est interdit dès que le thermomètre dépasse les 50°C et les mesures de sécurité ont été renforcées sur les chantiers, qui tournent 24h sur 24h. Les conditions de travail restent toutefois extrêmement pénibles, en particulier sur les échafaudages, même si les autorités qatariennes ont pris des mesures pour améliorer le quotidien de la main-d'œuvre immigrée, à qui elles versent désormais un salaire minimum par virement bancaire, et non plus en liquide comme auparavant.

Pour autant, les abus n'ont pas disparu. Selon Amnesty toujours, une centaine de travailleurs migrants employés sur un chantier de construction pour la Coupe du monde ont travaillé jusqu'à sept mois sans être payés. Les « labor camps » (camps de travailleurs) à la périphérie de Doha font également l'objet de critiques régulières des ONG internationales. Pendant l'épidémie de Covid, les migrants, confinés dans leurs baraquements, ont été particulièrement touchés par la pandémie et exposés à la contamination en raison de leurs conditions de vie dans des logements surpeuplés et souvent insalubres.

Bref, le sort de ces « fourmis » du miracle qatarien écorne l'image du Qatar, dont l'ambition était de proposer une Coupe du monde exemplaire sur tous les plans. C'est à tel point qu'il fait l'objet de campagnes de boycott. L'équipe nationale suédoise, qui devait faire une tournée hivernale dans le pays, a décidé d'y renoncer, en signe de protestation contre les conditions de travail des ouvriers asiatiques. La Norvège est allée plus loin, soumettant en juin dernier un éventuel boycott de la Coupe du monde au vote d'un congrès extraordinaire, qui l'a rejeté à une forte majorité.

Le Qatar n'aime pas la mauvaise publicité... mais n'a pas l'intention de refréner sa boulimie sportive. Soutenu par sa puissance financière, il sait qu'il a gagné sa place dans le sport mondial et qu'il en est devenu un acteur incontournable. Doha se positionne d'ores et déjà pour organiser les Jeux olympiques, un jour ou l'autre.

Pour le cheikh Tamim, l'horizon s'est miraculeusement éclairci cette année. Avec la remontée des prix du gaz, les caisses de l'émirat sont pleines. Son fonds souverain pèse 366 milliards de dollars. Le blocus mis en place par ses voisins a été levé en janvier dernier lors d'un sommet en Arabie saoudite. Lors de la crise afghane, l'été dernier, le Qatar a joué un rôle clé dans l'évacuation des ressortissants étrangers et des Afghans. Son rôle de médiateur avec le nouveau régime taliban a été apprécié par la communauté internationale.

Comme pour montrer qu'il est le nouveau patron de la planète foot, l'émir s'est offert Lionel Messi, qui a rejoint cet été les rangs du PSG. De quoi faire de nouveau des envieux, bien sûr. Mais pour Tamim, l'important est ailleurs : le Mondial 2022 doit être la vitrine scintillante du Qatar et l'apothéose de son règne. Quoi qu'il en coûte. ■

Christian Chesnot
est grand reporter à la rédaction internationale de Radio France. Ses deux derniers livres : *Qatar papers* et *Nos très chers émirs* sont publiés chez Michel Lafon.

QATAR
UN MÉLANGE DES GENRES

L'arrivée de Messi au Paris Saint-Germain a provoqué une onde de choc dans le monde du football. Un rêve irréalisable sans le Qatar, qui a fait du sport mondial son terrain de jeu pour accroître sa suprématie. Regard sur ce riche émirat gazier du golfe arabo-persique qui défraie la chronique.

PAR **RAPHAEL LE MAGOARIEC**

Le Qatar au PSG, la Coupe du monde FIFA 2022 au Qatar et maintenant la F1 tant attendue. Espérée par l'émir et son entourage, elle fera pour son apparition sur le circuit de Lusaïl au mois de novembre prochain. Cette histoire est le fruit d'un billard géopolitique à trois bandes : petit en superficie, faible démographiquement, ancré dans une région conflictuelle, mais puissant grâce à sa production d'hydrocarbures, l'émirat doit innover pour se sortir de sa torpeur. En interne, son histoire est marquée par les soubresauts. Les coups d'État ont été légion à Doha. L'un d'entre eux est à l'origine de cette éclosion mondiale soudaine. Le 27 juin 1995 est une date qui marque le début d'une nouvelle ère pour le Qatar.

Hamad ben Khalifa Al-Thani, le nouvel émir et père de l'actuel souverain, entouré par une génération de jeunes décideurs, lance une politique de modernisation d'envergure du pays, doublée d'une stratégie de communication mondiale. En interne, il conforte son pouvoir, en ménageant les susceptibilités, en accordant de la place tant aux composantes progressistes que conservatrices. Sa stratégie sportive émerge dans ce contexte. Le Qatar se lance dans un parcours semé d'embûches.

Face à une telle démonstration de puissance et un objectif affiché, les déconvenues sportives successives du club sont d'autant plus fracassantes.

LA LANGUE DE LA DIPLOMATIE VS L'IDIOME SPORTIF

Vitrine de l'émirat, le Paris-Saint Germain est l'un des piliers de l'architecture sportive du Qatar. Pris en main par de grands noms entourés de staffs de qualité, son projet à Paris se concrétise par l'achat de stars du football mondial. D'Ibrahimovic à Neymar, le Qatar rayonne. À travers la voix de son intermédiaire, Nasser al-Khelaïfi, il prend même soin d'afficher haut et fort ses prétentions : gagner la Ligue des champions. Ses capacités financières hors normes ne peuvent toutefois peser sur l'incertitude du résultat final, le PSG est attendu au tournant. Face à une telle démonstration de puissance et cet objectif affiché, les déconvenues sportives successives du club sont d'autant plus fracassantes. Raviver la flamme autour de son objet de *branding* passe par de nouveaux coups d'éclat servant à redorer son image. Enfin, Messi est au PS !

Jusqu'à présent, les exploits du club sous l'ère QSI se limitent plus à des victoires marketing édifiées autour de ses têtes de gondole qu'à de réelles prouesses sportives. Ce constat questionne.

Messi et Nasser Al-Khelaifi, le président qatarien du Paris Saint-Germain, avant une conférence de presse au Parc des Princes, le 11 août.

Le Qatar réussira-t-il un jour à conjuguer la langue de la diplomatie et l'idiome de la performance sportive ? Le logiciel de la puissance se heurte à la réalité du terrain, leurs temporalités s'entrechoquent. Le court-termisme de l'image enraye la construction d'un projet sportif à moyen terme. Un quiproquo s'instaure entre l'État propriétaire et les supporters, toujours en attente du Graal promis et tant espéré. Pensé à Doha, le projet PSG s'affirme comme un rouage politique s'inscrivant avant tout dans une entreprise de séduction mondiale, freinant l'éclosion d'une équipe capable de remporter enfin la Ligue des champions. Le collectif se perd dans la starification de son effectif. Entre envie de grandeur et réalisation d'un projet sportif ancré dans le temps, le Qatar est ballotté, pris dans un tourbillon de critiques au milieu duquel reprendre la main n'est pas chose aisée.

« Le Qatar finance le PSG et le terrorisme », peut-on lire dans les travées de Furiani, lors d'un Bastia-PSG. Le quotidien britannique *The Guardian* fait état de plus de 6 000 morts sur les chantiers des stades de la Coupe du monde 2022. Au fil des affaires de corruption qui touchent plusieurs fédérations sportives internationales, le nom du Qatar ressort souvent. Doha bouleverse les temporalités du sport international. Le mondial 2022 se jouera bien en hiver pour l'hémisphère Nord. Dans l'industrie du sport, le Qatar concentre des critiques qui dépassent amplement l'arène sportive. Pointée du doigt, la politique étrangère hyperactive de l'émirat agace et interroge. Les manquements criants à l'égard des droits humains, déjà documentés par des ONG, alertent et inquiètent.

Le Qatar, un soutien du terrorisme ? Cette analyse est revenue à de multiples reprises sur le devant de la scène au cours de la décennie 2010. Elle s'ancre à la fois dans le fracas des soulèvements arabes de 2011, dans le chaos syrien et dans la crainte d'attentats, notamment en Europe, suscitée par la montée en puissance de l'organisation État islamique (EI) dans la zone irako-syrienne. Dans les faits, le

Bastia-Paris Saint Germain, pour la 20e journée de Ligue 1 (en 2015).

La chaleur, un autre handicap du Qatar. Avec ses 35 °C, Doha a fait vivre l'enfer aux athlètes participant aux Championnats du monde d'athlétisme de 2019.

Qatar a profité des soulèvements arabes pour tenter d'affirmer son leadership aux dépens de puissances régionales déstabilisées, à l'instar de l'Egypte et de la Syrie. Dans ce jeu d'influence, le Qatar s'est pleinement engagé dès 2011 dans le soutien de la rébellion syrienne. Doha s'est alors appuyé sur des relais locaux s'inscrivant dans une mouvance islamo-nationaliste réfractaire au projet de djihad global appelant à frapper l'étranger. Ces différentes factions menaient même un combat acharné, à la fois contre le régime et contre les forces de l'organisation État islamique, qui commençaient à s'imposer en Syrie. Ce qui est reproché à Doha, c'est qu'au sein de groupes qu'il soutenait, certains acteurs ont été rattachés à la mouvance d'Al-Qaïda. L'évolution de la configuration sur le terrain en faveur de l'organisation État islamique et le maintien du régime grâce au soutien de ses différents alliés a conduit certaines factions qu'il soutenait à modifier leur discours idéologique, dans une entreprise de séduction pour tenter de faire face à leur perte d'attrait. Dans ce contexte défavorable et face à la crainte de frappes djihadistes accrues au cœur des pays occidentaux, sous la pression des États-Unis, l'émirat a restreint le nombre de groupes qu'il finançait avant de délaisser ce terrain au cours de l'année 2014 et d'augmenter son contrôle des mouvements financiers vers la zone irako-syrienne.

On reproche à Doha son soutien à certains acteurs rattachés à la mouvance d'Al-Qaïda.

La volonté du Qatar de jouer le rôle de médiateur pour s'imposer comme un acteur essentiel sur l'échiquier régional l'amène, par ailleurs, à héberger des acteurs proches de mouvements pouvant être considérés comme terroristes. Cette politique lui assure une place centrale mais peut-être utilisée pour écorner son image. Cela vient s'ajouter aux rivalités régionales, opposant, dans une lutte d'influences, le Qatar à plusieurs de ses voisins, ainsi qu'à Israël, qui lui reproche son soutien au mouvement palestinien du Hamas.

DES TEMPORALITÉS CONTRAIRES

Une Coupe du monde qui se joue pour la première fois en hiver. Un Championnat du monde d'athlétisme étouffant qui, en 2019, a tourné au fiasco pour cause de températures et d'un indice d'humidité élevés, au début de l'automne à Doha. Devenir un pôle majeur du sport mondial n'est pas une mince affaire pour l'émirat. Il doit intégrer un domaine historiquement forgé et dominé par une lecture européenne des saisons. Faire coïncider le climat du golfe au climat estival de la moitié nord de l'hémisphère Nord est une mission difficile à relever, surtout quand les imaginaires d'une partie des passionnés de football se sont habitués à se rassembler lors de cette période pour vivre cette fête mondiale. Ce sujet doit tout de même amener à s'interroger sur la manière de penser ces événements, dits mondiaux, qui restent cantonnés à des zones qui correspondent pour l'essentiel aux facteurs climatiques européens. La phrase maintes fois entendue « Pour moi, une Coupe du monde, c'est en été » n'a pas de sens, si l'on parle bien d'une Coupe du monde. Sur le papier, le monde est composé de deux hémisphères aux saisonnalités inversées, tous deux composés de régions aux multiples climats. Ce sujet montre surtout que cette question de l'adaptation de la période de l'événement aux contraintes climatiques a jusqu'à présent trop peu été prise en compte. Pourtant, elle devra l'être de plus en plus. Face à ces imaginaires dominants, le Qatar est une nouvelle fois pris en grippe. Ce bouleversement du calendrier du football mondial affecte les intérêts économiques calqués sur les temporalités des grands championnats européens, ce qui a tendance à amplifier les critiques.

Le 2 octobre 2021, le Qatar a vécu ses premières élections législatives. Un an auparavant, il se démenait pour enclencher une nouvelle réforme allant, en apparence, dans le sens d'une amélioration des conditions de vie des employés étrangers. À un an de la Coupe du monde, le Qatar est engagé dans une opération de séduction. Il tente du moins de redorer son image dégradée. Il faut bien avouer que les scandales se sont accumulés autour de son nom. Son cas a illustré la compromission de certains dirigeants de fédérations sportives internationales. Les chantiers de la Coupe du monde se sont transformés en un théâtre révélant le désastre humain vécu par des milliers d'ouvriers. Le scandale de ces morts témoigne, derrière les apparences, du peu de considération des instances du sport mondial à l'égard de l'existence des plus miséreux. À présent, il faut voir dans cet événement un levier d'action pour accentuer la pression sur le Qatar et les pays de la région ayant des pratiques similaires, pour scruter de près la réalité du terrain afin d'améliorer les droits des employés étrangers. L'idée d'un boycott est bonne, s'il s'agit d'un happening, mais une décision aussi forte serait contre-productive. Outre le fait de pénaliser les travailleurs étrangers qui seraient une fois de plus victimes, elle fragiliserait la place des Occidentaux au profit de pays présents dans la région et moins regardants sur la question des droits humains, à l'instar de la Chine. Le retrait d'un Mondial présenté par l'émir comme celui « de tous les Arabes » pourrait, enfin, être ressenti par une partie de l'opinion arabe comme un énième retournement de l'histoire à son encontre.

Au cœur de l'enceinte sportive, le Qatar gagne en aura, mais au centre du jeu, sous les projecteurs, il se trouve confronté à ses multiples contradictions. Pressé, son pouvoir peine à conjuguer l'ensemble de ses agendas. Au-delà de la balance entre images positive et négative, un premier constat s'impose, tel une victoire pour Doha : le Qatar compte bien aux yeux du monde. ■

Raphaël Le Magoariec
Il est spécialiste des sociétés de la péninsule Arabique et travaille depuis dix ans sur les questions sportives liées à cette région. Chercheur-doctorant au sein de l'Équipe Monde Arabe et Méditerranée, laboratoire CITERES de l'université de Tours, il achève une thèse en géopolitique sur les pays du Golfe et le sport.

LES SAOUDIENS À L'ATTAQUE

C'est officiel, après des mois de rumeurs et de tergiversations, l'Arabie saoudite tient enfin son club de football étranger, Newcastle, au nord de l'Angleterre. Mais pourquoi un tel choix ?

PAR **PIERRE RONDEAU**

Le 7 octobre, les supporters célèbrent le rachat de Newcastle United par les Saoudiens.

À force de vendre ses bijoux de famille, on va finir par croire à une grande braderie. Après le rachat de City par les Emiratis, de Paris par les Qatariens, de sa petite sœur, le Paris FC, par le Bahreïn, c'est le club historique de Newcastle qui tombe dans l'escarcelle, à grands frais, du fonds souverain de l'Arabie saoudite. On estime le deal à 360 millions d'euros, une peccadille pour le PIF, le nom du fonds, piloté en direct par le prince héritier Mohammed ben Salmane, valorisé plus de 400 milliards d'euros. Le club anglais va entrer à son tour dans une nouvelle dimension. Il espère ainsi faire partie durablement du gotha du football européen.

Avec tous ces investissements, ça commence à se voir : le Moyen-Orient veut s'imposer dans le monde du ballon rond et profiter de son aura et de sa réputation. City et Paris ont déjà dépensé plus de 3 milliards d'euros à eux deux en douze ans de présence au très haut niveau. C'est au tour de l'Arabie saoudite, ennemi historique des monarchies du Golfe, en guerre ouverte avec les Emiratis de Manchester et les Qatariens du PSG.

Au-delà de l'intérêt sportif et du désir de diversifier ses investissements, c'est cette rivalité qui explique le rachat de Newcastle. L'Arabie saoudite a trop longtemps laissé ses voisins se développer et s'imposer en Europe, améliorer leur image et leur notoriété, sans pouvoir intervenir ou leur couper l'herbe sous le pied. Or, elle a une dent toute particulière contre le Qatar. Riyad et Doha entretiennent des relations électriques, sans que les actions diplomatiques ou les tentatives d'apaisement ne parviennent à apaiser la tension.

Déjà en 2011, après la création de la chaîne qatarienne BeIN Sport, l'Arabie saoudite avait hébergé et parrainé la chaîne pirate BeoutQ, qui diffusait en toute illégalité les flux et programmes de BeIN. En juillet dernier, l'Arabie saoudite a carrément fait suspendre la diffusion de la chaîne qatarienne, sans aucune explication ni contrepartie, au mépris de toutes les lois de la concurrence. Ne parlons même pas des conflits économiques et de l'embargo entre les deux nations, dont l'origine remonte à la crise du Golfe, en juin 2017. La guerre a commencé bien avant le football, qui n'est que l'illustration de leur rivalité.

L'Arabie saoudite en veut au Qatar et le jalouse. Le Qatar se réjouit de voir sa réputation s'améliorer en Europe, sa notoriété grandir et s'affirmer à travers le PSG. L'Arabie saoudite veut rattraper son retard et est prête à mettre plusieurs centaines de millions d'euros pour construire un monstre sportif européen. Mais alors, pourquoi Newcastle ? Un club du nord de l'Angleterre, quand les rumeurs envoyaient le PIF du côté de Marseille, grand club populaire et rival historique du PSG ? Imaginez la gueule qu'aurait eue un « moyen-orientico » tous les ans en Ligue 1, un classico dopé aux pétrodollars entre Paris et l'OM... Oui, mais non. Souvenez-vous qu'il s'agit d'une rivalité ancestrale, définitive et profonde. Les Saoudiens ne pouvaient envisager une seule seconde que Paris leur passe devant, forte d'une avance construite depuis 2011, et batte régulièrement l'OM lors de ces affrontements. L'Arabie saoudite aurait dû attendre plusieurs années avant que son club soit suffisamment armé pour battre le Paris de Messi, Neymar et Mbappé. Elle aurait dû avaler de nombreuses couleuvres et subir plusieurs défaites avant de battre son ennemi juré.

PAS DE RIVAL SUR LES RIVES DE LA TYNE

L'avantage de l'Angleterre, en plus de sa visibilité et de sa puissance économique, c'est que ce n'est pas la France, que les nouveaux actionnaires et leurs dirigeants auront le temps de se développer et de se préparer en affrontant le Big-Six britannique, les deux Manchester, Liverpool, Chelsea, Tottenham ou Arsenal, avant d'espérer, pourquoi pas, jouer un jour contre les Parisiens en demi-finale de Ligue des champions... et les battre. Le communiqué du club est clair : les propriétaires se donnent cinq ans avant de remporter un titre de champion d'Angleterre. Imaginez qu'ils aient dû attendre cinq ans en France, soit cinq saisons de défaites contre Paris. Ça l'aurait moins fait.

Il faut se rendre à l'évidence : avec le Qatar dans le paysage, investir en France n'était pas envisageable. L'Angleterre était le seul choix possible, avec l'Italie, pas la Côte d'Azur. Dans cet affrontement géopolitique aux acteurs richissimes, le football est secondaire. Ce qui compte, c'est l'image. Ces pays jouent en live une simulation de football, ils jouent à FIFA ou à Football Manager. Et à ce jeu, l'Arabie saoudite ne peut perdre une seule fois contre son ennemi juré

Après, même si l'image est importante, l'accueil réservé aux investisseurs saoudiens n'a pas été très positif. Mis à part les fans du club, tout le monde s'est dressé contre ce fonds étranger, jugé responsable des pires maux possibles. On lui reproche de bouleverser la hiérarchie sportive britannique, d'user d'une forme de dopage financier, de construire artificiellement un futur géant du foot anglais, d'être directement partie prenante dans les scandales politiques et diplomatiques de l'Arabie saoudite. Tout le monde s'est opposé à la présence du PIF, y compris les Emiratis de Manchester City, les Américains de United et de Liverpool ou les Thaïlandais de Leicester. Cocasse pour un pays qui se veut être le chantre de la mondialisation et de la libre circulation, pour un championnat dont les trois quarts des clubs sont détenus par des capitaux étrangers. Nous ne sommes pas à une bizarrerie près. ■

Pierre Rondeau

Spécialiste de l'économie du football, il est professeur à la Sport management school et codirecteur de l'Observatoire du sport à la fondation Jean-Jaurès. Intervenant régulier de l'After, il est l'auteur de *Pourquoi les tirs au but devraient être tirés avant la prolongation* (éd. Le Bord de l'eau, 2017) et *Le Foot va-t-il exploser ?* (éd. L'Aube, 2018).

ZAVEN
NAJJAR

OUIIIIII MICHEL !

Parler foot avec Michel Platini ! Nous en rêvions depuis la création de l'After, en 2006. Mais avait-on vraiment essayé de le rencontrer ? Pas tout à fait. C'est un peu comme si on n'avait jamais osé déranger «la légende ». Il était temps de devenir adulte. C'est pour la revue que notre joueur préféré a accepté de nous recevoir, chez lui, au Bistrot de Nino, sur le port de Cassis. Souriant, chaleureux, plus chambreur encore que Jérôme Rothen, il nous a immédiatement invités à le tutoyer. À l'aise, on a entamé le déjeuner et la conversation...

PROPOS RECUEILLIS PAR

GILBERT BRISBOIS ET DANIEL RIOLO

LE GRAND ENTRETIEN

Dans l'After, on combat souvent le poncif « dans le foot on ne retient que les vainqueurs » ? Tu es d'accord avec nous ?

MICHEL PLATINI : Dans l'immédiat, oui, on retient les vainqueurs. Mais dans l'histoire, non. Ce sont ceux qui ont donné des émotions qui restent dans l'histoire, pas ceux qui ont gagné. Cette phrase est bonne pour les journalistes d'aujourd'hui, qui ne jurent que par les statistiques. Quand tu ne sais pas parler d'autre chose, tu parles statistiques.

Pour toi, les stats ne servent à rien ?

MICHEL PLATINI : J'en ai lu une hier : le PSG est l'équipe de Ligue 1 qui court le moins, et pourtant ils sont premiers du championnat. Donc, à quoi servent les stats ? Ce n'est pas parce que tu cours beaucoup que tu vas gagner les matchs. C'est comme de dire que tel joueur a fait 97 passes, c'est une stat qui ne sert à rien.

Daniel aime bien la stat des « expected-goals », moi moins. Et toi ?

MICHEL PLATINI : C'est quoi, ça ?

C'est, par exemple, le mec seul face au but qui tire au-dessus. Ça devait être un but, mais ce n'en est pas un.

MICHEL PLATINI : Alors, c'est un gros nul, l'avant-centre, qu'il change de métier (rires) ! Mais tu le vois bien, que le mec a loupé des occasions, tu n'as pas besoin qu'on te le dise. En 1998, tu as bien vu toutes les occasions que Guivarc'h a loupées.

Dans les souvenirs que les gens évoquent avec toi, il y a des victoires et des défaites. Des quelles te parle-t-on le plus finalement ?

MICHEL PLATINI : Ce n'est pas toujours un souvenir bien précis. La plupart du temps, les gens me disent que j'ai été dans leur vie pendant 40 ans. Je leur ai donné des émotions pendant des années, à un moment où le football français ne gagnait pas grand-chose. C'est comme si j'avais été un compagnon de vie. Ce qui reste, c'est plein de souvenirs. Et quand je suis parti en Italie, les Français m'ont suivi. Je leur ai donné du bonheur en Italie. C'était une fierté, pour moi, d'être dans un grand club, un grand championnat, et les gens partageaient ce bonheur avec moi. Le football français n'était pas grand-chose à l'époque, alors, qu'un Français brille là-bas, c'était une fierté pour tout le monde.

L'Italie, c'est le pays du résultat roi. En Italie, il faut gagner...

MICHEL PLATINI : Il faut toujours gagner. Mais des matchs, tu en joues tellement dans une saison... Il ne faut pas étouffer sous la pression du résultat. La victoire n'est pas forcément le plus important. Aujourd'hui, je suis loin de cette attente, de la pression, et si je regarde jouer le PSG, par exemple, ce qui m'intéresse, ce sont les joueurs. Je veux voir Messi, Neymar ou Mbappé. Qu'ils perdent ou qu'ils gagnent, je m'en fous. Moi, je regarde les joueurs. Pendant vingt ans, mes années dans les instances internationales, je n'ai pas pu montrer mes émotions. Si je célébrais un but de Messi dans la tribune officielle, j'étais anti-Ronaldo et inversement. Je suis maintenant beaucoup plus détendu.

Pour en revenir à la question initiale, j'ai assez vite compris que ce sont les émotions que tu provoques qui restent dans l'histoire. Un jeune comme Mbappé veut tout gagner, mais quand il aura 60 ans, il se rappellera des émotions qu'il a procurées aux gens. Pour rester dans l'histoire, il faut du charisme, de la personnalité. Je ne sais pas s'il le sait, mais il le découvrira tôt ou tard. C'est un garçon intelligent.

Tu dis regarder surtout les joueurs. L'attitude d'un joueur, c'est important. Un joueur très capricieux, comme Neymar, cela ne te gêne pas ?

MICHEL PLATINI : Je ne le connais pas. On ne connaît pas les gens. Et l'attitude d'un joueur sur le terrain est rarement la même dans la vie. Les plus grands assassins que j'ai connus sur un terrain de football étaient les types les plus sympas en dehors (rires) - Rolland Courbis, par exemple, que vous connaissez bien. Je ne veux pas accorder d'importance aux faits extra-sportifs, car je ne connais pas les joueurs actuels et j'ai trop fréquenté les journalistes pour toujours croire ce que vous allez dire. Je ne peux pas. Il m'est arrivé de souffrir de ça, moi aussi, alors je me refuse à juger la vie d'un joueur. Je préfère toujours rester sur le positif et le sportif, ce que fait le joueur sur le terrain.

Les supporters y sont sensibles...

MICHEL PLATINI : Les supporters ne sont pas obligés de juger la personne. Ils ne la connaissent pas.

À propos de tactique, de système de jeu, que penses-tu de coachs comme Guardiola, Mourinho, Klopp ou Bielsa ? Pour toi, le joueur est-il toujours au centre de tout ?

MICHEL PLATINI : Le football est un jeu où tu joues à 11 contre 11. Le reste... Quand je vous écoute, les journalistes ou les observateurs, vous parlez de 4-3-3, de 4-2-3-1, de 5-4-1, etc. Pour moi, ce sont des combinaisons de coffre, je ne sais pas ce que ça veut dire. L'important, c'est la répartition des joueurs, ce qu'ils font sur le terrain.

Je ne nie pas l'importance d'une approche tactique, bien sûr, mais c'est plus compliqué que ça. Ça ne peut pas se résumer à une combinaison chiffrée. Ce n'est pas parce que tu vas jouer en 4-5-1 ou 6-3-2 (ça fait 11) que tu vas mieux jouer. Selon moi, l'entraîneur doit mettre en place un jeu en fonction de ses joueurs et pas en fonction de son style à lui. Si tu as le duo Papin-Cantona, que j'ai eu quand j'étais sélectionneur, tu vas jouer d'une certaine façon et baser ton jeu sur eux, pour profiter de leurs qualités. Et si tu as Zidane, ce sera forcément différent. Quand tu as Messi, Neymar et Mbappé, tu dois inventer un jeu qui leur correspond. Je pense comme ça. J'ai toujours préféré les joueurs à la tactique, même quand j'étais sélectionneur.

C'est le fil conducteur de ta carrière de joueur, de sélectionneur ou de dirigeant: les joueurs sont au centre de tout...

> « J'ai toujours préféré les joueurs à la tactique. »

MICHEL PLATINI : Oui. Je n'aime pas les pièces rapportées...

Hidalgo en équipe de France, Trapattoni à la Juve, c'étaient des tacticiens, ils te donnaient une liberté qu'ils n'accordaient pas aux autres...

MICHEL PLATINI : La liberté, on la prend ! Le grand joueur doit montrer qu'il peut assumer des responsabilités, qu'il peut guider les autres.

Ça signifie que les autres joueurs appliquaient la tactique, et que toi tu étais libre ?

MICHEL PLATINI : Ils n'appliquaient pas la tactique, ils appliquaient les consignes. C'est différent. Certes, Trapattoni nous disait : « Toi, tu dois jouer comme ça, toi, tu dois jouer comme ça ». Il dessinait le mouvement global de l'équipe. Il y avait une trame, un fil conducteur. C'est comme un réalisateur qui livre un scénario. J'aime quand les acteurs gardent une part de liberté.

Mais c'est une liberté encadrée. On est d'accord que vous jouiez à quatre défenseurs derrière ?

MICHEL PLATINI : Pas forcément. Croyez-moi, il pouvait mettre deux joueurs au marquage individuel et deux sur les côtés, Tardelli et Cabrini. C'étaient plus des ailiers que des défenseurs. Les joueurs de côté ont été inventés dans les années 1980. Il fallait des joueurs avec un gros volume de jeu. En équipe de France, j'ai dirigé Angloma, qui était un joueur de ce type-là. Les fameux latéraux modernes, dont on parle aujourd'hui, existaient déjà, en réalité. Cabrini jouait ailier. Contre l'Italie, à la Coupe du monde 86, on a mis Giresse sur le côté droit face à lui. Cabrini ne savait plus défendre, il attaquait tout le temps. À la Juve, les équipes adverses mettaient toujours un défenseur face à lui.

On sent qu'il y a encore chez toi une retenue sur la question de la tactique. Pourtant, quand tu racontes qu'on mettait un joueur face à Cabrini, c'est bien de ça qu'on parle, non ?

MICHEL PLATINI : Oui, bien sûr. C'est peut-être parce que c'était souvent les équipes en face qui le faisaient, pas nous. Quand tu joues dans une grande équipe, ce sont les autres qui font attention à toi, ce n'est pas toi qui fais attention à eux. Si tu n'es pas dans une grande équipe, tu réfléchis un peu différemment. Et dans ce cas, ton travail tactique devient plus important. Mais ça, je ne peux pas te dire, je n'ai joué que dans des grandes équipes (rires)...

À ton époque, le marquage individuel était la règle. On a oublié ce que ça pouvait représenter. Et puis, Arrigo Sacchi l'a fait disparaître. Pour le coup, c'était une vraie évolution tactique.

MICHEL PLATINI : Il aurait dû le faire avant, j'ai passé dix ans à être marqué à la culotte (rires). Plus sérieusement, je n'ai jamais été entraîneur dans l'âme. Chacun son métier. Je respecte leur travail, leur réflexion. Je n'ai pas été entraîneur d'un club, j'ai été sélectionneur. Ça n'a rien à voir. Quand tu es sélectionneur, tu as à ta disposition les meilleurs joueurs de ton pays et tu fais ce que tu veux avec eux. Tu dois trouver le juste équilibre et t'adapter à eux. Quand tu es dans un club, tu fais avec ce que tu as, ce que le club peut te donner, en fonction de ses moyens. Quand tu es au PSG, tu peux acheter les meilleurs joueurs du monde, tu choisis. Pep Guardiola, Jürgen Klopp, qui sont dans des clubs riches, ont le choix. Mais si tu es dans un petit club, tu fais comment ? Tu essaies de t'arranger différemment. Tu réfléchis peut-être plus à la tactique, si tu n'as pas un joueur capable de t'arranger un match qui tourne mal. Mais c'est difficile pour moi d'en parler, car je n'ai pas été confronté à ce problème. La vérité, c'est que je n'ai jamais voulu être entraîneur. Pourtant, ils m'ont tous contacté, le Real Madrid notamment. Sélectionneur, c'était différent, c'était la fibre patriotique. L'équipe de France avait perdu à Chypre. On m'a demandé de le faire, je ne pouvais pas dire non.

On vit à une époque où il faut surtout manager les joueurs, gérer leurs caprices, leurs agents, leurs entourages...

MICHEL PLATINI : Je pense qu'un coach n'a pas à manager les joueurs. Il doit avoir une personne à côté de lui qui gère les problèmes des joueurs. L'entraîneur, lui, il gère son équipe sur le terrain.

« Le grand joueur doit montrer qu'il peut assumer des responsabilités, qu'il peut guider les autres. »

L'entraîneur doit faire jouer les onze joueurs et gagner le match. Point. À la Juve, il y avait Zoff, Scirea, beaucoup de grosses personnalités. Ce n'étaient pas des jeunes de 20 ans. Tu n'avais pas à leur expliquer qu'il faut se motiver pour aller gagner.

Quel genre de jeu apprécies-tu ?

MICHEL PLATINI : J'ai une préférence pour le jeu direct. Je ne suis pas fan du jeu de relance par l'arrière, où tu fais plus de passes en arrière qu'en avant. À mon époque, on ne passait pas par le gardien de but pour la relance, surtout avec les pieds qu'avaient les gardiens. Jean Michel Moutier, tu lui filais le ballon, il te le transformait en citrouille (rires) ! La saison dernière, j'ai bien aimé Manchester United-PSG en phases de poules de la Champions League. Manchester pouvait gagner 3-1, ils ont perdu 3-2. Ça allait d'un but à l'autre. Ce match était un régal.

Vous savez que c'est moi qui ai valorisé les gardiens de but. La Coupe du monde 90 en Italie avait été faible, pour ne pas dire désastreuse d'un point de vue du jeu. Après cette Coupe du monde, le patron de la FIFA, João Havelange, a créé une commission, la Task Force 2000. On a changé le foot. Vraiment. Il faut mesurer l'évolution. On n'en pouvait plus de ce football où tu avais tout le temps les pieds dans les dix-huit mètres. Il y avait des blessures dues aux défenseurs trop rugueux. Marco Van Basten a arrêté sa carrière très tôt, à 27 ans. Le foot était à un tournant.

J'étais sélectionneur de l'équipe de France et j'ai participé à cette réunion. Trois règles ont changé, je suis à l'origine de deux d'entre elles. La première, c'était la passe en retrait au gardien, qui pouvait prendre le ballon à la main. J'en avais marre de voir le défenseur donner la balle au gardien, qui la lui redonnait dans la foulée. La deuxième, c'est le tacle par-derrière, qui donne carton rouge. L'idée était de rendre le jeu plus vivant. La troisième règle, c'était les ballons autour du terrain, mais là, je n'y suis pour rien. On a gagné vingt minutes de jeu avec ces changements.

Que changerais-tu dans le foot, aujourd'hui ?

MICHEL PLATINI : Il faut demander à Wenger... Aujourd'hui, ça ne sert plus à rien que je parle, je n'ai plus de pouvoir (sourire malicieux).

Qu'est-ce qui ne leur plaît pas, dans le foot d'aujourd'hui, pour qu'ils veuillent le changer à ce point ?

MICHEL PLATINI : À la tête des institutions, tu as des gens qui ne pensent qu'à faire du business. Regarde ce que fait Infantino depuis qu'il est arrivé. Pourquoi la Coupe du monde à 48 ? C'est plus de matchs, plus d'argent. Et la Coupe du monde tous les deux ans ? C'est plus de matchs, plus d'argent. La Superligue, puisqu'il est à l'origine de la Superligue, c'est pareil, plus de matchs, plus d'argent pour les clubs. Infantino, je le connais, il a été mon assistant pendant dix ans...

J'ai l'impression qu'à la FIFA, pour certains, le but, c'est de donner encore plus d'argent. À qui ? Si tu joues une Coupe du monde à 48 tous les deux ans, tu achètes ceux qui votent pour toi. Si ça marche bien, ils ont tous plus d'argent, et toi, tu te fais de plus gros bonus. La question, ce n'est jamais comment, c'est combien. Regarde Infantino jouer au football, c'est une catastrophe, il ne sait même pas taper dans un ballon. Est-ce que ça l'intéresse, le foot ? Voilà, j'ai évolué dans ce monde pendant vingt ans...

Ils veulent aussi laisser une trace...

MICHEL PLATINI : Quand Blatter a mis en place la Goal Line Technology, je lui ai dit : « C'est peut-être bien, de savoir si le ballon est rentré dans le but ou non, mais où va s'arrêter la technologie ? » Ça a toujours été ma crainte.

La goal-line technology était une concession à la technologie, mais il fallait immédiatement

refermer la porte derrière. Malheureusement, ils ne l'ont pas refermée...

MICHEL PLATINI : ... et ils ne la refermeront jamais. Parce que derrière, tu as de grosses boîtes pleines d'argent qui veulent investir dans le sport. Le CIO et la FIFA veulent récupérer tout cet argent. Les dirigeants de la FIFA sont constamment à la recherche du pognon. Un jour, il n'y aura plus de joueurs, ce seront des robots qui joueront.

Tu penses que le football est en train de muter ?

MICHEL PLATINI : Je ne sais pas. Mais paradoxalement, je trouve le football plus beau qu'avant. On joue mieux au football. Cela dit, n'oublions jamais que les joueurs aujourd'hui, comme Messi, peuvent jouer comme ils jouent parce qu'on a changé les règles. Messi, il y a vingt ans, il était à l'hôpital tous les quinze jours (rires).

La VAR, tu es toujours contre ?

MICHEL PLATINI : La VAR, c'est le discrédit des arbitres. C'est parce qu'ils ne sont pas bons que tu mets la VAR. S'ils étaient bons, tu n'aurais pas besoin de la VAR. Les arbitres, certains, pas tous, la veulent parce que la FIFA dit qu'ils la veulent et qu'ils veulent arbitrer les matchs de la Coupe du monde ou de l'Euro. Les arbitres, je les connais par cœur. Finalement, tout le monde protège ses intérêts.

On pourrait aussi considérer qu'un arbitre peut se tromper. Ce n'est pas grave, ce n'est pas dramatique. Un arbitre peut se tromper comme un joueur peut tirer à côté...

MICHEL PLATINI : Si je suis président de la FIFA ou de l'UEFA, qu'un arbitre se trompe, ce n'est pas grave. Si je suis joueur, cela devient un peu plus grave. Et si je suis président d'un club, que l'arbitre se trompe et que je descends en deuxième division, je perds 50 millions et je dois virer 20 employés, là, ça devient encore plus grave. Alors j'admets la VAR sur la ligne de but et je réfléchis pour les hors-jeu. J'ai un doute sur sa fiabilité à 100 %.

Et si j'étais président de la FIFA, l'International Board arrêterait de se réunir tous les quinze jours. Ils se réuniraient une fois tous les dix ans et ils changeraient les règles une fois tous les dix ans. Le Board, c'est un grand mystère. On ne sait pas qui sont ces gens. Un Anglais, un Gallois, un Irlandais, un Écossais qu'on n'entend jamais. On connaît le patron de la FIFA, éventuellement un secrétaire, type Jérôme Valcke, qui ne connaissait rien au foot, d'ailleurs.

Tu n'as jamais essayé de faire exploser ce truc, d'y faire entrer d'anciens joueurs ?

MICHEL PLATINI : Je n'étais pas président. C'est le président qui est le patron de l'International Board. Et mon président, c'était Blatter. Avec Blatter, on s'entendait bien. Les règles du jeu, on les a bien faites. Je vais peut-être choquer, mais Blatter a été un très bon président. C'est certainement dur à entendre, mais c'est la vérité. Blatter a été un grand président. J'ai passé de nombreuses années à ses côtés et il a toujours travaillé pour le bien du foot. Après, il y a le système, l'argent, ça, c'est autre chose. Mais sincèrement, le scandale de la FIFA, ce n'est pas le scandale de la FIFA, c'est le scandale de l'Amérique du Nord et de l'Amérique du Sud. Dans le scandale, il n'y a personne de la FIFA. Ils l'ont puni lui, pour un arriéré de salaire. C'est la vérité.

Tu veux dire que Julio Grondona (ex-président de la fédération argentine et vice-président de la FIFA) et Chuck Blazer (ex-secrétaire général de la Concacaf) ont fait plus de mal au football que tous les autres ?

MICHEL PLATINI : Oui. Ils ont volé 220 millions d'euros à la FIFA. Ce n'est pas Blatter qui les a volés et pourtant, c'est lui qui a pris.

Dans un doc récent de Canal+ qui t'est

consacré, on voit à quel point la notoriété t'a vite pesé. Dès 1979…

MICHEL PLATINI : En 1978, on se faisait une joie d'aller à la Coupe du monde et là, Simone Signoret et Yves Montand militent pour que la France refuse de se rendre en Argentine. J'ai 19 ans et tous les journalistes, comme Bernard Pivot, me demandent ce que j'en pense. Je n'en pensais rien, je ne savais rien. J'étais un jeune footballeur qui montait et qui voulait aller jouer une Coupe du monde. Le football, ça n'a jamais été rien d'autre qu'un jeu. Je n'ai vécu qu'avec cette idée en tête. Des potes, un match, du jeu. On peut me trouver naïf, mais c'est comme ça.

Mais en Italie, tu as mesuré que ce n'était pas que du foot ?

MICHEL PLATINI : Ce n'est pas vrai. Ce n'était pas pesant en Italie, parce que je n'étais pas chez moi. J'étais un étranger. Ça a été un peu dur au début et puis, tout s'est bien passé. Je n'ai pas ressenti de pression particulière en Italie. Je me disais, si je joue bien, je reste, si je ne joue pas bien, je rentre, pas de souci. Le foot est une religion en Italie, mais je m'en étais détaché. J'ai brillé, j'ai flambé, mais j'étais protégé. Vivre à Nancy, Saint-Étienne ou Turin n'a pas changé grand-chose pour moi, même si Turin, c'est beaucoup plus beau (rires). Ça n'a rien à voir avec ce qu'à vécu Maradona à Naples. Quand tu vois le doc sur moi et celui sur Maradona, il y a quand même une petite différence (sourire malicieux, encore).

Dans ce même doc, on entend cette phrase, que tu adresses à Agnelli : « À qui appartient le football ? »

MICHEL PLATINI : La réponse est étonnante et magnifique. Gianni Agnelli me dit : « Le football appartient aux fans et aux médias. » J'ai ajouté : « Il appartient aussi aux footballeurs. » Il a répondu : « C'est ce que vous pensez. » Si je suis Agnelli, je dis la même chose. Et si je suis Platini, je dis le contraire. C'est troublant. Peut-être Agnelli a-t-il raison, mais je n'aimerais pas qu'il ait raison. Pour moi, le football appartient aux footballeurs. Au départ, le football est un jeu où tu joues à onze contre onze. Au départ, il n'y a ni FIFA, ni UEFA, ni arbitres. Mais ça s'est mondialisé très vite. Moi, mon football, il reste dans mon village.

Regrettes-tu d'avoir été dirigeant, sachant les ennuis que ça t'a causés ?

MICHEL PLATINI : Non, c'était bien, on a fait de belles choses pour le football. J'ai essayé de faire évoluer le foot, de mener des combats que j'estimais justes. Mais il y a une chose que vous devez comprendre, l'administration de l'UEFA ne me voulait pas, l'administration de la FIFA m'a tué et le FIFPRO ne veut pas de moi. Voilà, c'est tout. Ils ne veulent pas de gens comme moi. Ils ne veulent pas qu'on les empêche de développer le business. Il ne faut pas chercher plus loin. Après, les flics cherchent Sarkozy depuis le début avec le Qatar et moi je suis le chaînon manquant (Michel Platini a été mis en garde à vue en juin 2019 dans le cadre de l'enquête concernant l'attribution de la Coupe du monde au Qatar, à la suite d'un déjeuner à l'Élysée ou l'ex-président l'avait convié en présence de l'émir qatarien, ndlr).

Tout tourne autour de cette attribution de la Coupe du monde au Qatar…

MICHEL PLATINI : Non, tout tourne autour de Sarkozy. Je suis le chaînon manquant de Sarkozy. Ils veulent piéger Sarkozy, ils s'en foutent du Qatar. En Italie et en Suisse, ils pensent que j'ai touché cet argent parce que Blatter a voulu m'acheter

> « Blatter a été un très bon président. »

pour que je ne me présente pas à la présidence de la FIFA. Et en France, ils pensent que j'ai touché 9 millions de la part du Qatar. Ils cherchent cet argent partout. Ils veulent savoir où j'ai pu planquer ces 9 millions. Ils peuvent toujours chercher, ils ne trouveront jamais rien. Je vis avec tout ça depuis sept ans. Et ma famille aussi.

Que penses-tu de la guerre du moment entre la FIFA et l'UEFA ?

MICHEL PLATINI : La guerre entre la FIFA et l'UEFA a toujours existé. Le grand refrain d'Infantino quand il était à l'UEFA, c'était « Fuck la FIFA, fuck la FIFA ». Maintenant qu'il en est le patron, c'est « Fuck l'UEFA, fuck l'UEFA ». C'est comme Arsène Wenger qui, quand il était entraîneur d'Arsenal, ne voulait pas que ses joueurs aillent en équipe nationale. Maintenant qu'il est à la FIFA, il veut une Coupe du monde tous les deux ans (rires).

Ces gens agissent en fonction de leurs intérêts, c'est leur petit monde à eux. La FIFA a toujours été jalouse de l'UEFA parce que l'UEFA a toujours été plus riche que la FIFA. Blatter, qui est un petit Suisse très porté sur les comptes, ça l'a toujours emmerdé que l'UEFA fasse deux fois plus de chiffres que la FIFA.

Comment vois-tu l'issue de cette guerre ?

MICHEL PLATINI : Le pouvoir, c'est la FIFA qui l'a, ce n'est pas l'UEFA. Il y a de grandes chances qu'on ait une Coupe du monde tous les deux ans. Ceux qui votent sont ceux qui veulent l'argent. Qui gagne le plus d'argent ? Ce sont les associations nationales. Pourquoi la FIFA décide des calendriers ? Pourquoi ils se sont donné ce pouvoir ? Ils veulent contrôler tout le business. Pourtant, le football existe sans la FIFA ou l'UEFA. La FIFA et l'UEFA sont propriétaires de compétitions comme la Coupe du monde et la Champions League, qui rapportent beaucoup d'argent. Et avec cet argent, ils achètent tout. Tant que les joueurs ne feront pas la révolution, ce sera toujours la FIFA qui décidera des calendriers.

Quelle révolution ?

MICHEL PLATINI : J'ai mon idée là-dessus, je le dirai un jour. Ça ne sert à rien d'en parler si ça ne se fait pas. Je vous le dirai un jour (sourire énigmatique, cette fois)...

Donc, Platini est devenu révolutionnaire ?

MICHEL PLATINI : Non, sincèrement, je m'en fous. Moi, j'ai fait ma vie.

Tu as tiré un trait sur des responsabilités dans le football ?

MICHEL PLATINI : Pour l'instant, pas grand-chose ne me plaît. J'ai déjà tout fait. Je n'ai pas manqué de demandes de clubs, des médias, mais ça ne m'intéresse pas. Et pour faire les choses, il faut avoir le pouvoir. Et pour avoir le pouvoir, il faut aller le chercher.

On ne comprend pas pourquoi la FFF ne te sollicite pas. Aujourd'hui, tu n'as aucun rapport avec la fédé ?

MICHEL PLATINI : Aucun. Je n'ai aucun rapport avec la fédé, aucun rapport avec la FIFA, aucun rapport avec l'UEFA. Ils ne viennent pas vers moi. J'ai l'impression de déranger. L'UEFA ne m'a pas invité à l'Euro, alors que c'était mon idée, l'Euro dans onze pays. Et pour la Nations League, compétition que j'ai créée, la finale qui se déroule à Turin, avec l'équipe de France en plus, tu crois qu'ils m'auraient invité ? C'est très football, ça. On oublie facilement le passé dans le football. Churchill disait que « celui qui a oublié son passé n'a pas d'avenir ». Après, ça ne me dérange pas, il y a tellement de cons là-bas. Je suis mieux ici, à faire un golf, manger avec mes amis (rires). Le monde ne m'attend pas.

Claude Le Roy nous a dit que les dirigeants du foot se prennent pour des chefs d'État, que le président de la CAF, quand il arrive dans un pays, demande à voir le chef de l'État...

MICHEL PLATINI : C'est ce que faisait Blatter. C'est la notoriété du football qui attire. Le président de la République française a joué un match de foot et BFM TV et LCI l'ont retransmis en direct ! On en est là.

N'est-ce pas une belle reconnaissance pour le foot ?

MICHEL PLATINI : Le foot n'a plus besoin de reconnaissance. On jouait pour la reconnaissance du foot il y a quarante ans. On était considérés comme des beaufs. Si tu voulais draguer, il ne fallait surtout pas dire que tu étais footballeur, alors qu'aujourd'hui, si tu es footballeur, tu es en tête de liste. Pourquoi on a des fonds de pension qui viennent dans le football ? Pourquoi les pays du Golfe investissent massivement dans le football ? Parce que le foot a pris une autre dimension.

C'est le soft power. Ces pays vont s'acheter une conduite en investissant dans le foot. Ils arrivent dans le concert des nations grâce au foot.

MICHEL PLATINI : Le Qatar est arrivé au PSG et ils ont obtenu la Coupe du monde parce qu'ils n'étaient pas sûrs d'exister encore en 2021. Ce n'est pas une démarche qui me choque, même si je tiens à rappeler que j'étais contre l'arrivée des Qatariens au PSG. Je n'avais pas envie de les voir gagner tous leurs matchs. Et je préfère voir Messi contre Neymar plutôt que Messi avec Neymar et Mbappé. Si Ronaldo et Messi avaient joué

« J'étais contre l'arrivée des Qatariens au PSG. »

ensemble, on n'aurait jamais parlé de leur rivalité pendant vingt ans. C'est pour ça que j'ai instauré le fair-play financier. Tu joues avec l'argent que tu génères. Ce n'est pas comme la DNCG qui dit « Ils paieront le déficit et c'est réglé ». Ce n'est pas la même chose.

L'éventualité de la Superligue a permis de faire sauter le fair-play financier. Et le Qatar s'est racheté une vertu en s'opposant à la Superligue...

MICHEL PLATINI : Ceferin avait besoin de Nasser. Comme il était fâché avec tous les grands clubs, il s'est mis Nasser dans la poche et, à partir de là, ils ont été moins scrupuleux sur le fair-play financier... J'ai créé le fair-play financier pour que les clubs ne soient plus en déficit. On avait des milliards de déficit dans le football européen. Avant la pandémie, il n'y avait pratiquement plus de déficit dans le foot, environ 200 millions. On avait gagné.

L'intention était bonne, mais ça donnait l'impression que les positions étaient figées, qu'un nouveau club avec beaucoup d'argent ne pouvait émerger, que c'était conservateur...

MICHEL PLATINI : Je suis d'accord, tout n'était pas parfait, mais que fait-on alors ? Rien ?

Revenons au foot. Est-ce qu'on peut comparer les époques ? Dire que c'était mieux avant ?

MICHEL PLATINI : Le jeu est meilleur aujourd'hui. Après, chacun vit dans son époque. Les mecs de 58 nous gonflaient comme nous on a dû gonfler les mecs de 98.

C'est bien de connaître l'histoire. De savoir ce que peut représenter le France-Bulgarie de 1977. La France du foot, ce n'était rien à ce moment-là. Aller à la Coupe du monde, aujourd'hui, c'est banal, mais à l'époque, c'était exceptionnel...

MICHEL PLATINI : On sortait de vingt ans de galère. Les journalistes qui suivaient l'équipe de France, pendant vingt ans, ils n'ont connu que des défaites. Et là, grâce à nous, ils allaient à la Coupe du monde. C'est ce que je leur disais : « Je suis votre agence de voyage, je vous ai amenés à trois Coupes du monde » (rires). On leur a offert de beaux voyages, non ? Pendant vingt ans, l'équipe de France n'avait pris que des taules. Grâce à nous, les supporters ont vécu des choses nouvelles. Ils voyaient enfin une équipe de France gagner. Ce n'est pas que l'équipe de France, c'est aussi Saint-Étienne qui a créé ce grand mouvement.

On a du mal à comprendre, aujourd'hui, que les matchs de qualification étaient beaucoup plus compliqués, que se qualifier pour une Coupe du monde à 16 équipes, c'était dur. Dans l'After, on s'arrache les cheveux quand

on nous dit qu'untel a battu le record de buts de Platini. Mais 41 buts en 72 sélections, c'est plus fort que tout !

MICHEL PLATINI : Vous êtes sympa. Mais c'est vrai que je n'ai pas joué contre la Lituanie, la Slovaquie ou la Macédoine (rires). Ce n'est pas grave, ça ne me traumatise pas. Vous savez, les jeunes de maintenant, ils ne me connaissent pas trop. C'est plus les pères ou les grands-pères qui me connaissent. Mais quand on leur dit que j'ai gagné trois Ballons d'or, là, ça leur parle. Pourtant, je suis plus fier d'avoir été trois fois meilleur buteur en Italie que d'avoir eu trois Ballons d'or. En Italie, il fallait les mettre, les buts. Mais pour les gamins, trois Ballons d'or, c'est plus important. Les récompenses individuelles ont pris une énorme importance à cause de la communication, des médias...

Aujourd'hui, tu réussis individuellement, l'équipe passe après. Et les stats sont le corollaire de tout ça.

MICHEL PLATINI : Moi, je partageais les primes. C'est bizarre, hein, de partager, pour un mec d'argent comme moi (ironique)... Je suis issu d'une famille catholique, j'ai été à l'église, j'ai fait le catéchisme, j'ai été enfant de chœur. On m'a appris qu'il fallait partager. Et à l'époque, les salaires des footballeurs n'étaient pas les salaires d'aujourd'hui. Pour mon premier contrat, à Nancy, je gagnais 300 francs par mois. Quand j'étais le meilleur joueur du championnat de France, je gagnais 6 000 francs par mois. Je gagnais beaucoup plus grâce à la publicité et je redonnais pratiquement tout à tout le monde, je partageais avec les onze joueurs. C'était automatique. C'est grâce à eux aussi si j'ai gagné des titres. C'est un peu comme Mbappé qui donne ses primes d'équipe de France à des associations, c'est formidable, ce qu'il fait.

Tu as toujours plaisir à retrouver tes anciens coéquipiers ?

MICHEL PLATINI : Oui. On a quand même vécu des bons moments. Mais je ne suis pas dans la nostalgie. Il ne faut pas dire que c'était mieux avant. Je ne pense pas que c'était mieux avant. D'ailleurs, cela fait très longtemps que je n'ai pas revu un de mes matchs. Pourtant, je les ai tous en DVD.

Selon toi, quels sont tes trois meilleurs matchs ?

MICHEL PLATINI : Si on part du principe que

j'étais bon tout le temps, ça va être compliqué de choisir (rires, encore)... Ce n'était pas un grand match, mais le but contre la Hollande (France-Pays Bas 1981, 2-0) est un moment important. Toute une génération va éclore après ce but. Le match amical France-Italie (1982) au Parc, avant que je parte à la Juventus. On gagne 2-0, je marque le premier but, Bravo met le deuxième. Cela faisait quatre-vingts ans qu'on n'avait pas battu les Italiens. C'est peut-être mon meilleur match en équipe de France. Vous savez, j'étais très instable au niveau de la forme. Je n'ai jamais été un athlète de haut niveau, comme Cruyff. Je pouvais avoir les jambes lourdes,ou voler pendant le match. Il faut aussi citer l'un des plus beaux matchs de l'équipe de France, celui de Séville. Il est meilleur que le France-Brésil de 1986 à Guadalajara. Les conditions étaient différentes. À Séville, le match avait lieu à 21 heures, il y avait de l'humidité. Au Mexique, c'était à 13 heures, à 2 500 mètres d'altitude, par 40 degrés, et j'étais blessé.

On t'a posé mille fois des questions sur ta carrière. Tu t'amuses toujours à la raconter ?

MICHEL PLATINI : Oui, j'aime bien. J'aime bien répondre aux questions des gens.

Après tes déboires à la FIFA, as-tu l'impression que ton image a changé ?

MICHEL PLATINI : Non, les gens s'en foutent de la FIFA. Mon histoire de footballeur est beaucoup plus importante et beaucoup plus intéressante que ma carrière de dirigeant. Dans la rue, personne ne sait qui est le président de l'UEFA ou de la FIFA.

C'était une volonté de ta part de te lancer en politique ?

MICHEL PLATINI : C'est Blatter qui me l'a demandé, en 1998. Tout part de là. Je le vois à Singapour, on faisait une réunion pour l'organisation de la Coupe du monde 98. Blatter m'invite dans sa suite. Il me dit : « Havelange trouve que Michel Platini président de la FIFA et Sepp Blatter secrétaire général, ça serait très élégant. » Je lui réponds : « Je suis désolé, je suis président de l'organisation de la Coupe du monde, mon coprésident est malade, donc je ne peux pas m'occuper d'autre chose. » Blatter me demande : « Tu peux m'aider ? Est-ce que tu veux être co-président ? » Quand je lui dis que je ne peux vraiment pas, il m'annonce : « Bon, je vais me présenter à la FIFA ». Il avait tout préparé. Je le retrouve quatre mois après et je lui dis : « j'ai réfléchi, je vais t'aider. Je serai ton conseiller technique. » Quand il me demande quel salaire je veux, je suis sur le cul, je ne sais pas quoi répondre : « Je veux un million. - Un million de quoi ? - Un million de ce que tu veux, des roubles, des pesetas, c'est toi qui décides, je ne connais pas le marché. » L'histoire a commencé comme ça. Je l'ai dit, répété et ça n'a jamais été autrement.

On pourrait prendre ça pour de la légèreté...

MICHEL PLATINI : Ce n'est pas de la légèreté, ce sont les faits. Un an après son élection, en août 1999, je vais le voir à Zurich. « Sepp, je n'ai toujours pas de contrat, je luis dis, pas d'assurance, alors que j'ai fait le calendrier international, je n'arrête pas de voyager et je me tue à la tâche. » Il me répond : « J'ai un problème, je ne peux pas te payer un million, on n'a plus d'argent. Je peux te payer 300 000 et on verra par la suite. » Quelques années après, je vais voir Valcke : « Attendez, vous me devez de l'argent, cela fait 8 ans, il serait temps que vous me payiez. » Je leur ai signifié clairement qu'ils me devaient de l'argent. Je ne leur ai pas mis pas le couteau sous la gorge, j'ai rappelé qu'ils me devaient de l'argent. Quelques mois après, ils me payent, enfin : 2 millions de francs suisses, sur lesquels je paye 50 % d'impôts. Tout se passe bien. Cinq ans plus tard, quand je me présente à la présidence de la FIFA, la FIFA transmet ces informations à la justice suisse. La justice suisse ouvre une enquête. Et comme la justice suisse ouvre une enquête, la FIFA me balance à la Commission d'éthique et me tue, ce qui était le but. Alors qu'un contrat oral est complètement valable, en Suisse.

> « Je suis plus fier d'avoir été trois fois meilleur buteur en Italie que de mes trois Ballons d'or. »

As-tu des regrets ?

MICHEL PLATINI : J'aurai dû dire à Blatter « tu me fais un contrat et tu me fais une lettre comme quoi tu me dois cet argent ». J'ai été suspendu deux ans par la Commission d'éthique parce que je ne leur ai pas dit que la FIFA me devait de l'argent. Mais si vous m'aviez dit que je devais l'annoncer, je l'aurais annoncé ! L'administration n'a jamais voulu de moi. C'est l'administration de la FIFA qui m'a tué.

Tu veux faire entrer le foot au patrimoine de l'UNESCO...

MICHEL PLATINI : On est en train de travailler dessus. Et c'est important que ce soit un joueur et non une institution qui s'en occupe. J'espère que ça va se faire. Ils ont mis la pizza, ils peuvent bien mettre le football (rires).

Tu suis toujours tes anciens clubs ?

MICHEL PLATINI : Je suis très fidèle aux clubs dans lesquels j'ai joué. La Juventus, Saint-Étienne et Nancy. Si je regarde la Juventus en Champions League, oui, je suis pour eux.

Malgré le président actuel ?

MICHEL PLATINI : J'aime bien Andrea Agnelli. Tu peux aimer la personne sans partager ses opinions. Ces dernières années, on n'avait plus vraiment de relations, dans la mesure où il était très proche de Ceferin. On a vu que ça s'est mal terminé entre les deux. À cause de Ceferin, les grands clubs européens ne veulent plus de l'UEFA, donc il ferait mieux de se remettre en question. Sa gestion a été catastrophique. Dans le dossier

Superligue, il a été sauvé par les gouvernements et les supporters, sinon, il était foutu.

Comment aurais-tu fait, toi, avec la Superligue ?

MICHEL PLATINI : Avec moi ça ne serait jamais arrivé. Avec un président comme moi, ils ne l'auraient jamais fait. On a anéanti le G14, je vous rappelle. Ils avaient confiance en moi, on a essayé de bien faire les choses. De réfléchir, de travailler avec eux. Peut-être qu'ils n'auraient jamais pensé à ça si j'avais été là. Il faut oser s'opposer au président de l'UEFA qui s'appelle Michel Platini.

Je veux bien que les gros clubs restent parce que c'est toi, mais ils veulent aussi plus d'argent…

MICHEL PLATINI : Mais l'argent a toujours été leur principale préoccupation ! En 1986, Berlusconi voulait déjà créer une Superligue, ça ne date pas d'aujourd'hui, les grands clubs ont toujours voulu faire sécession. Mais il y a des personnes avec qui tu peux faire sécession et d'autres non. C'est une affaire de personnalité. Mais qui est derrière la Superligue ? C'est Infantino. Infantino a toujours été plus proche des clubs que des associations nationales.

Quel genre d'homme est-il, Infantino ? Ça a été ton secrétaire pendant dix ans et d'un coup il est devenu le roi du monde.

MICHEL PLATINI : Sur un malentendu, tout est possible. La preuve, il a été élu. Mais il n'est le roi de rien du tout. Les rois du monde, dans le football, c'est Messi, c'est Ronaldo. Ce n'est ni Infantino, ni Ceferin, ni Blatter, ni Havelange.

Permets-nous d'être perplexes…

MICHEL PLATINI : J'ai été vice-président de la FIFA pendant 10 ans, je connais un peu mieux le système que vous (sourire)…

On insiste, mais ils peuvent changer les règles, modifier les formats de compétitions. Si tu peux faire ça, c'est toi qui influences les joueurs…

MICHEL PLATINI : La FIFA a tout ramené à elle, c'est vrai. Même l'International Board, indépendant au départ, a perdu de son pouvoir. La FIFA a la main sur la Coupe du monde et donc elle a l'argent. Et avec l'argent, ils font ce qu'ils veulent. C'est un constat que j'ai du mal à admettre, mais c'est juste.

Les anciens joueurs mangent dans la main d'Infantino, qui les rémunère pour aller faire la promotion de sa Coupe du monde tous les deux ans, Wenger, Ronaldo, beaucoup

d'autres encore. J'ai l'impression que le pouvoir financier n'a jamais été aussi important, que le foot n'a jamais été aussi politique. Tu le déplores ?

MICHEL PLATINI : Oui, je le déplore. Wenger est le conseiller technique de la FIFA. Pourtant, il a toujours fait le contraire de ce qu'il prône aujourd'hui. Mais le football a toujours été politique, c'est juste qu'aujourd'hui, on s'y intéresse davantage. À 20 ans, tu regardes les footballeurs, à 50, tu regardes les politiques. Avant ça intéressait moins les gens. Dès 1998, Blatter pensait à jouer la Coupe du monde tous les deux ans. Je lui disais qu'il était fou, il me répondait : « Oui, mais comme ça, on parle de moi ». Qui paye les joueurs ? Ce sont les clubs. Et avec une coupe du monde et un Euro tous les deux ans, les joueurs vont jouer plus souvent en équipe nationale...

D'où le projet d'Arsène Wenger de mettre en place une fenêtre internationale d'un mois une fois par an...

MICHEL PLATINI : On l'avait proposé il y a longtemps mais je crois que Wenger était contre (sourire figé)... Je déplore qu'on ne parle plus que de foot business. Je suis persuadé, j'espère en tout cas que les vrais fans de foot restent à des milliards de kilomètres du football d'Infantino. Ceux qui veulent changer le football n'aiment pas le football, ils aiment le pouvoir du football, ce n'est pas la même chose.

On voit aussi des joueurs moins passionnés. Un joueur magnifique comme Neymar semble déjà être lassé...

MICHEL PLATINI : Ce sont des enfants gâtés. Qu'on a trop gâtés. Notre football est pollué par tout ce qu'il y a autour. La presse, la télé, l'argent, les supporters, les réseaux sociaux. Tout le monde se prend pour un autre. C'est le système de notre vie qui est comme ça. Avant, sur les terrains, il y avait les banderoles « FIFA fair-play ». Elles ont disparu.

Tu parais désenchanté et malgré tout très optimiste sur l'avenir du football. C'est paradoxal.

MICHEL PLATINI : Je ne suis pas désenchanté par rapport au jeu. Je suis désenchanté par la politique du football. On m'a peut-être viré pour faire évoluer les choses et que plus d'argent rentre. Je ne corresponds peut-être plus au modèle d'aujourd'hui. Le football est désormais aux mains de juristes qui travaillent en Suisse pour la FIFA, l'UEFA et le CIO. Ce sont sans doute eux qui m'ont tué, parce que je ne pensais pas le business comme eux. Infantino est juriste de formation, comme Ceferin... Le pouvoir du foot est dans les mains de juristes.

Ces gens-là ont pondu une nouvelle formule de la Champions League. Elle est aberrante. En 2026, on aura dix matchs de qualification avant les huitièmes. Cette première partie ne servira à rien. Autre aberration, la règle des cinq remplacements. Pourquoi pas neuf, tant qu'on y est ? Les plus riches auraient encore plus de chances de gagner. Et supprimer la règle du but à l'extérieur... Le but à l'extérieur, c'est l'histoire du foot, cela existait depuis 70 ans.

Il est difficile d'envisager un retour en arrière, sauf à changer de président. C'est une question de pouvoir. Je peux toujours parler, ça ne changera rien.

> « Berlusconi voulait déjà créer une Superligue ! »

Le foot, c'est aussi de l'émotion, les souvenirs. Qui sont les plus nostalgiques, les joueurs ou les supporters ? Le passionné de foot n'est-il pas foncièrement nostalgique ?

MICHEL PLATINI : Pas forcément. J'ai beaucoup de mal à être nostalgique, car j'ai toujours des choses à faire. Je pense toujours au match d'après. Au fond, ce sport est une belle histoire, dans laquelle il y a des victoires, des nuls, des défaites. Une histoire qu'on aime raconter. Je n'ai pas vécu avec la télévision, je vivais avec ce que racontaient mes parents. Mon papa me parlait de Di Stefano, Kopa, Piantoni. Il me racontait les histoires du Real, du Stade de Reims. Aujourd'hui, c'est différent. Cette relation orale n'existe plus, tout le monde a accès aux images. Le football était une aventure pour nous, on ne connaissait rien. Et quand on marquait un but, on n'allait pas le célébrer devant la caméra, il n'y en avait pas ! Il ne faudrait pas que ce jeu magnifique devienne trop aseptisé, uniquement tourné vers le business. Il faut qu'il fasse encore rêver. ■

Nous cinq

LE ROMAN-PHOTO DE L'*AFTER*

QUAND UN PHILOSOPHE CASSE LES CODES DE L'ÉMISSION…

PAR **JÉRÔME THOMAS** (DIALOGUES) ET **CONSTANCE GOURNAY** (PHOTOS)

Précision : tous les propos de Thibaud Leplat ont été un jour tenus, à peu près dans cette forme, dans l'After ou ailleurs.

Y A QUE L'ÉMOTION QUI COMPTE !

On aura mis du temps, mais on a eu sa peau. Enfin, je crois. Qui considère encore aujourd'hui que seul le résultat compte ? A-t-on retrouvé l'inventeur de cette phrase imbécile, « On ne se souvient que des vainqueurs » ? Et l'autre, qui répète que « seule la victoire est belle », il vit encore ? Sérieusement, qui peut affirmer que le résultat est le maître étalon du foot ? Nous vous offrons huit minutes de lecture pour vous convaincre définitivement. Sinon, circulez, on n'est pas du même monde !

PAR **DANIEL RIOLO**

Je n'ai pas oublié les Verts de 1976, que j'ai découverts un an après. Les Verts étaient partout en photo, en poster. Dans ma télé, ils étaient gris. La télé couleur a tout changé. J'ai découvert que Casimir était orange et que les Verts étaient beaux. Le foot, c'était aussi une affaire de couleur. Je n'ai jamais oublié ce 2 mars 1977, soir de Saint-Étienne-Liverpool, en quart de finale de Coupe d'Europe. Ces couleurs, les verts et les rouges. Deux semaines plus tard, c'était encore plus beau, plus fort et plus triste. Défaite et élimination. Mais le but de Bathenay reste. L'image de ses bras tendus et de sa joie mesurée servira longtemps à habiller des génériques d'émissions de foot. Ça construit une mémoire.

J'ai découvert les Verts dans la défaite et pourtant, personne ne les a effacés de mes souvenirs.

Je n'ai jamais oublié les « Oranges mécaniques » de 1978. Il paraît que quatre ans plus tôt, avec Cruyff, c'était encore mieux. Je n'en doute pas. Mais s'il a sa place dans mon bagage culturel, Cruyff n'est pas dans ma mémoire. Trop petit. Eux aussi ont perdu. Je me souviens autant d'eux que des vainqueurs argentins de cette finale pleine de *papelitos* au Monumental de Buenos Aires. Mario Kempes vaut Rob Rensenbrink. J'ai les deux en poster dans ma chambre.

Pour les passionnés de foot français de ma génération, les premières émotions sont liées à des défaites.

JE N'AI JAMAIS OUBLIÉ SÉVILLE 1982. ÉVIDEMMENT.

Pour les passionnés de foot français de ma génération, les premières émotions sont liées à des défaites. De quoi se construire une bonne mentalité de losers. Pour ne pas sombrer, il suffit de comprendre qu'on est toujours le loser de quelqu'un.

Dans mon autre pays, on passe plutôt pour des costauds. J'ai grandi dans l'idée qu'en Italie, le foot, c'est l'autre religion. Mais on m'a beaucoup raconté la finale perdue du Mondial 1970 face au Brésil de Pelé. Il y avait eu l'extase du « match du siècle » face à l'Allemagne en demi, puis la défaite.

On ne m'a rien raconté de la Coupe du Monde 1974, car il n'y avait rien à en dire. Et je n'ai rien

ZAVEN
NAJJAR

oublié de 1978 et de la défaite face aux Pays-Bas, qui a privé les Azzurri de finale. La communion nationale de 1982 a été payée cash. 1990, 1994, 1998, défaites cruelles aux pénos. L'Euro 2000 est un traumatisme et Byron Moreno, l'arbitre pitre de Corée du Sud-Italie 2002, est toujours « wanted » de l'autre côté des Alpes. Ça en fait des désillusions avant de regoûter au bonheur du succès en 2006.

Pendant des années, un générique a précédé les matchs des Azzurri sur Rai Uno. Sur une musique style « douce épopée », étaient proposées des vieilles images de la sélection depuis 1970. Victoires ou défaites, tout était célébré. Je vous assure que ça fichait la chair de poule.

Et les Anglais ? Avec leurs clubs, ils se sont gavés, mais avec la sélection, question « lose », ils remplissent plusieurs rayons de supermarché.

Retour en France. L'Euro 84 de « Michel » efface un bout de Séville. Au Mexique, deux ans plus tard, on atterrit sur la Lune face au Brésil avant de se cogner, encore, à la RFA. Après, c'est le trou noir. Les Bleus disparaissent jusqu'en 1998.

Le foot est un ascenseur émotionnel. On vit dedans. Au fond, il n'y a que ça qui compte. On se raconte, on se souvient et on se remémore autant les victoires que les défaites.

DES BAS-FONDS À LA L1

Si seule la victoire comptait, que feraient les supporters des équipes en bois ? La relation qui unit les supporters à leur club n'a que peu à voir avec la victoire. C'est un lien affectif, voire passionné. Nos joueurs, en club ou en sélection, nous représentent. Ils sont un prolongement de nous.

Les supporters de l'OM aiment se rappeler la L2 des années 1990. Ceux du PSG n'ont rien lâché durant les années galères, notamment en 2008. Les Strasbourgeois ont accompagné le Racing des bas-fonds à la L1.

J'ai en tête ce reportage en Angleterre, à Sheffield. Là-bas, l'armoire à souvenirs est toute petite, sauf quand on est centenaire. Reste une victoire en championnat, un jour, contre Arsenal. C'est maigre. Famélique. Ils en parlent encore. C'était un grand moment, paraît-il. « Seule la victoire est belle » : pour eux, c'est du chinois.

La mémoire du foot est générationnelle. Et elle n'est pas universelle. Chacun sa vérité, qui dépend du point de vue. Au fil du temps, vainqueurs ou

Séville 1982. Première séance de tirs aux buts de l'histoire de la Coupe du monde. La France est éliminée après que l'Allemand Horst Hrubesch a réussi le sien.

perdants, ça ne compte plus. Il reste l'émotion d'un match, d'un joueur, d'un geste.

Netflix a diffusé récemment un film sur la vie de Roberto Baggio. Avec la Juve, il s'est construit un beau palmarès. Il a même remporté le Ballon d'or en 1993. Ça devrait suffire à en faire un gagnant. Pourtant, un an plus tard, sa vie a basculé. Son tir au but manqué contre le Brésil, en finale de la Coupe du Monde, l'a marqué pour toujours. C'est même la trame du scénario du film. Baggio devient un joueur maudit. Je n'oublierai pas l'image de son échec. Il est là, planté devant le point de penalty, la tête basse, les mains sur les hanches. Il a emmené l'Italie en finale en étant exceptionnel, mais il est responsable de l'échec. Dans le film, il y a cette scène émouvante, dans laquelle sa femme lui dit : « Tu sais, les gens t'aiment parce que tu as raté. » Le temps efface le résultat. Ne reste que l'émotion.

Autre piste de réflexion autour de l'idée du vainqueur qui serait, selon certains, le seul survivant d'une mémoire de passionné, le chemin qui mène au succès. Gagner, oui, mais comment ? Le débat sur le jeu nous agite tous. Tout le temps. « On a raison si on gagne » : la phrase sert souvent de conclusion. Pour structurer le débat, on convoque alors deux sélectionneurs argentins, César Luis Menotti et Carlos Bilardo. Le premier a gagné la Coupe du monde en 1978, le second en 1986. Le premier défend l'idée du beau jeu, le second écarte cette idée, il faut gagner et c'est tout. Curieux affrontement, quand on y pense. Bilardo avait une équipe faible en talents, sublimée par Maradona. Il pouvait bétonner autant qu'il voulait puisque Maradona se chargeait de la beauté. Quatre ans plus tard, en Italie, Bilardo a emmené son équipe vers une nouvelle finale, perdue, cette fois. Son équipe était encore plus faible et ne proposait rien. Il y avait Maradona, Cannigia et neuf porte-flingues. Ça suffit à alimenter le débat? ça construit la légende de l'idole, mais ça ne peut pas servir de modèle.

Le débat, il oppose depuis toujours les pragmatiques aux dogmatiques. Mais au fond, si c'est notre équipe qui joue, on s'accommoder évidemment d'une victoire « volée », d'un jeu minimaliste. Le Portugal, qui n'avait jamais rien gagné, ne va pas faire la fine bouche en pensant à l'Euro 2016. L'observateur neutre pourra dire que c'était une équipe moche, il se heurtera au supporter qui défendra « son » titre. D'ailleurs, pourquoi le défendre? Pourquoi ne pas supporter la critique? Le succès et la joie ne suffisent pas? Étonnant, non, puisqu'il n'y a que ça qui compte, paraît-il.

Au fond, on préfère tous le beau jeu, les beaux joueurs, les beaux gestes. On veut tous gagner avec des tactiques offensives et voir des buts. Ça nous ramène au foot qu'on pratiquait dans la rue. On voulait marquer des buts, pas défendre.

Les coachs détestent qu'on critique le jeu négatif. En revanche, ils adorent les compliments quand la manière est belle. S'il en était autrement, Deschamps ne se protégerait pas en refusant de parler de jeu. Il ne veut pas assumer ses idées. Je pourrais comprendre sa philosophie s'il l'assumait. Mais il ne le fait jamais. Evidemment qu'il aimerait proposer autre chose, mais ça n'est pas dans son ADN, ni de ses compétences. Son extraordinaire palmarès fait briller sa carte de visite. Les supporters français sont heureux, pour beaucoup, mais il ne fait pas l'unanimité. À l'étranger, les Bleus ne sont pas aimés. On admire certains de nos joueurs, mais les prestations de l'équipe de France ne sont valorisées nulle part.

On préfère tous le beau jeu, les beaux joueurs, les beaux gestes. On veut tous gagner avec des tactiques offensives et voir des buts.

Je suis convaincu que le débat n'existe plus. A-t-il jamais existé? Helenio Herrera a apporté sa culture défensive au jeu italien. Arrigo Sacchi a expliqué que ça correspondait au physique des joueurs transalpins. Plus petits, moins costauds, il fallait trouver une parade. Ça n'a pas empêché l'Italie de proposer des défenseurs parmi les plus techniques de l'histoire, des latéraux volants et des créateurs sublimes.

« On fait ce qu'on peut avec ce qu'on a, avec nos moyens » : combien de fois a-t-on entendu cette excuse bidon pour justifier le manque d'ambition? Ce n'est qu'un prétexte pour coachs fainéants, incapables de travailler assez pour proposer un jeu attractif. C'est tellement plus simple de mettre en place une tactique défensive et de chouiner sur le manque de moyen quand ça ne marche pas.

Ces dernières années, des clubs, de plus en plus nombreux, ont montré que les moyens n'avaient rien à voir avec le jeu. À Lens, Franck Haise déclare qu"« aucun entraîneur n'exerce pour ennuyer les gens ». L'Ajax depuis toujours, l'Atalanta, Sassuolo aujourd'hui, le Foggia de Zeman dans les années 1990, les équipes de Bielsa... la liste est trop longue. Combien de fois a-t-on dit à Jean-Marc Furlan que s'il descendait en L2 avec ses équipes, c'était parce qu'il pratiquait un jeu trop ouvert ? Comment une idée aussi absurde a-t-elle pu devenir une ligne de conduite pour les dirigeants français des petites équipes, qui engagent des entraîneurs maçons pour sauver leur peau? Ils ne se sont jamais dit que la liste des bétonneurs descendus en L2 était beaucoup plus longue.

Les fameux moyens, qui font bien jouer, donc, apportent un supplément. Certes, il y a encore des bouchers, qui font mal jouer leur équipe même avec de très bons joueurs, mais ils deviennent rares, heureusement. Le grand joueur technique qui coûte cher, c'est la crème chantilly sur le gâteau. Mais ce que veut le fan de foot, c'est d'abord du gâteau. Beaucoup de parts bien généreuses, ambitieuses pour ses papilles. S'il a ça, il est prêt à se passer de chantilly, voire de victoires. ■

ZAYEN
NAJJAR

UN REBEU, ÇA JOUE 10

L'Allemand est un bon défenseur, l'Argentin a la grinta, le Sénégalais est physique… Les poncifs liés aux origines des joueurs sont nombreux, et parfois vrais. Ainsi du joueur maghrébin, dont le numéro est forcément le 10, son idéal, son Graal.

PAR **CHÉRIF GHEMMOUR**

L'émotion gagne Jean-Michel Larqué lorsqu'il évoque son idole, Rachid Mekhloufi, numéro 10 et capitaine du grand Saint-Étienne des années 1960 : « En match et à l'entraînement, Rachid faisait des choses avec le ballon qui nous étaient inconnues. On retrouvait chez lui, comme chez Zidane, la finesse de jeu, la spontanéité, l'inventivité. J'ai modestement essayé de m'en inspirer quand je suis devenu à mon tour le numéro 10 des Verts. » Rachid Mekhloufi, 1m 68, a inauguré la longue lignée des meneurs de jeu franco-maghrébins qui ont sublimé le football français, au point de devenir des stéréotypes, aux caractéristiques quasi-invariables : milieu offensif, au gabarit petit-moyen, très technique et assez souvent algérien, kabyle surtout, tel Moussa Saïb, que Guy Roux, subjugué, repéra à Troyes lors de la tournée française de l'équipe d'Algérie en 1992. « Technique, élégance, vision du jeu, la quantité d'actions produites, son attitude stoïque devant un gars qui le fauche… Un joueur, quoi, se souvient l'ancien entraîneur d'Auxerre. Saïb aurait été français, il aurait joué en équipe de France avec Zidane. »

Rachid Mekhloufi a inauguré la longue lignée des meneurs de jeu franco-maghrébins qui ont sublimé le football français.

L'histoire d'amour entre le foot français et ses artistes rebeus remonterait, tout un symbole, au retour de Rachid Mekhloufi à Sainté, alors en D2, en 1963, après qu'il avait joué quatre années dans l'équipe du FLN. Pour son premier match, il redoute l'accueil hostile du public de Geoffroy-Guichard : « On joue l'engagement et là, je fais un numéro. Je dribble, je cours, je m'enfonce dans le camp adverse. Je dribble encore, je vais à droite, je passe le ballon à gauche. Et c'est l'ovation… Je suis devenu le chef de jeu de Saint-Étienne ! » Rachid m'a livré sa formule gagnante, qui fera florès parmi ses suiveurs : « Avec "l'équipe des fellagas", on venait de Monaco, Saint-Étienne, Lyon, Bordeaux, soit le meilleur des clubs français. On avait l'acquis technique de l'Algérien, au départ. En France, on nous a transmis les méthodes pour nous améliorer. »

En 2021, c'est cette même virtuosité proverbiale, ce jeu un peu perso mais tempéré par la rigueur tactique collective, qui fait le succès de l'Algérie très binationale de Djamel Belmadi, autre ancien meneur rebeu : « Le footballeur algérien est un bon manieur de ballon. On aime bien le tripoter, le garder. Je suis pour la possession de balle, mais si c'est stérile... Alors, il nous faut aussi défendre, courir ensemble, prendre l'espace, rester en mouvement. »

LE RÈGNE DU FOOTBALL DE RUE

Des deux côtés de la Méditerranée, foot de rue là-bas, foot des cités ici constituent le terreau fertile de petits Mozart en crampons. « Ce sont des enfants qui acquièrent des facilités en travaillant leur technique en bas de l'immeuble, constate Raouf Abed, éducateur des U13 Régionale à l'Entente Sannois-Saint-Gratien. Quand ils arrivent chez nous, en club, ils ont des gestes acquis, que d'autres gamins n'ont pas. » Le journaliste algérien Naïm Beneddra aime évoquer le « goût du beau » originel qui, par feedback continu, entretient l'étincelle créatrice, d'Alger à Lille en passant par Marseille : « En Algérie, existe l'amour du beau jeu, du beau geste. Le public aime les meneurs de jeu, avec leur conduite de balle soyeuse, leur vista. Et ce depuis les Mekhloufi, Dahleb, Saïb, Belloumi – l'inventeur de la passe aveugle –, jusqu'à Benarbia, Mahrez, Feghouli... Il a été peu sélectionné en équipe nationale, mais le superbe Mourad Meghni a gardé une cote d'amour énorme chez nous. Le Maghrébin se veut créateur, il recherche la lumière et aime jouer dans le cœur du jeu. Il aime chambrer l'adversaire, dribbler, se faire plaisir, mais avec un côté chaleureux. Il vaut faire aussi plaisir au public. Notre référence commune avec la France, c'est Zinedine Zidane, évidemment : on s'est tous inspirés de lui, dans les deux pays, c'est notre modèle depuis les années 2000. »

Exact. Né à Marseille, carrefour des interactions méditerranéennes fécondes, Zinedine de la Castellane demeure le dépositaire prodigieux d'un art footballistique latino-oriental idolâtré jusqu'en Amérique du Sud, terre des grands numéros 10. Mais il est aussi l'héritier d'une culture familiale maghrébine portée à goûter les autres. Observateur avisé du foot d'en bas, le quadragénaire Yacine Hamened, éducateur sportif et animateur du Paris United, auteur des *Hors-jeu du football français* (Talent Éditions, 2021), insiste sur ce don de soi commun aux meneurs rebeus : « Zidane en était le symbole. Malgré ses qualités individuelles hors du commun, il se mettait au service du collectif, pour faire jouer les autres. Ce côté famille, on le retrouve dans sa façon d'échanger, de partager avec ses coéquipiers et avec le public : "Voilà, je vous offre ces gestes magnifiques parce que je sais que ça vous fait plaisir". Zidane, c'est l'envie de faire briller les autres, voire de se sacrifier, comme on a pu l'observer aussi chez Benzema – qui a les mêmes origines kabyles – quand il s'est mis au service de Cristiano, au Real. »

On retrouve chez Zidane et ses semblables l'héritage berbère et arabo-musulman, empreint d'une grande humilité. Les simples croyants, tous égaux en fraternité, s'inclinent face à une grandeur unique, celle d'Allah... En juin 2000, Zidane, le meilleur footballeur du monde, définissait dans *France Football* son rôle de 10, avec son habituel effacement : « Je suis un milieu à l'ancienne, tout en étant de mon temps, moderne, quoi. C'est un mélange... Je vais m'adapter aux joueurs qui m'entourent et le fait que ce ne soient pas toujours les mêmes ne me dérange pas. C'est à moi de donner le bon ballon, de savoir où le joueur veut aller, comment il préfère recevoir la passe, et de quel côté, droit ou gauche. » La modernité de ZZ, 1m 85, 85 kg, c'est aussi son gabarit, en rupture avec la morphologie des milieux rebeus, jusque-là plus petits. Le meneur franco-tunisien Ismaël Gharbi (17 ans, au PSG), encore un surdoué, plafonne... à 1m 73.

JOUE-LA COMME ZIDANE

Le phénomène Zidane a sacralisé la place du meneur rebeu dans le football français, en adéquation avec tous les systèmes proposés. En 10 dans un 4-2-3-1, en 8 dans un 4-3-3, en 9 et demi-électron libre dans un 4-4-2. « L'explication est double, avance Yacine Hamened (ex-milieu offensif, lui aussi). Pour imiter Zizou, les clubs ont fait de leurs petits rebeus des meneurs de jeu et, par mimétisme, les rebeus eux-mêmes, ceux de

« C'est à moi de donner le bon ballon, de savoir où le joueur veut aller, comment il préfère recevoir la passe. »

LES « N°10 » REBEUS DU FOOT FRANÇAIS (D1 ET L1)

Rachid Mekhloufi,
Mustapha Dahleb,
Moussa Saïb,
Zinedine Zidane,
Ali Benarbia,
Djamel Belmadi,
Mourad Meghni,
Camel Meriem,
Samir Nasri,
Ryad Boudebouz,
Sofiane Feghouli,
Younès Belhanda,
Yassine Benzia,
Nabil Fekir,
Houssem Aouar,
Wahbi Khazri,
Haris Belkebla,
Saîf-Eddine Khaoui,
Azzedine Ounahi,
Farid Boulaya ,
Yacine Adli,
Ilan Kebbal,
Amine Harit,
Adil Aouchiche...

Action de Rachid Mekhloufi en 1964.

Zinedine Zidane, victorieux, pendant la finale de Coupe du monde 1998.

Ali Benarbia en 1999.

À Alger, le foot
se joue dans la rue.

2009 : Réunion des anciens de 1982 et 1986 dont Lakhdar Belloumi (en chemise orange).

la troisième génération, se sont dit : « Il y a un créneau, on veut être meneur de jeu, ressembler à Zidane. » En 2021, à 12 ans, Yacine A., numéro 10 ou 8 de la quatrième génération à l'Entente Sannois-Saint-Gratien, fait son apprentissage en s'inspirant, sur YouTube ou Instagram, des exploits du maître, si souvent imité : « J'apprécie Zidane, sa vision du jeu, ses dribbles et ses roulettes, que je sais reproduire. Le Numéro 10 est mon numéro de maillot préféré. Le 10 est au centre du jeu et doit être fort techniquement pour offrir des occasions à ses attaquants. » Le môme a déjà tout compris.

« TOUS LES GRANDS JOUEURS NE SE RESSEMBLENT PAS »

Mais le stéréotype du 10-rebeu-à-la-Zizou a des effets pervers. D'abord, le « nouveau Zidane », attendu comme le Messie chez les Bleus depuis que le grand frère a pris sa retraite en 2004. Camel Meriem, Mourad Meghni, Samir Nasri ou Sofiane Feghouli (mais aussi Yoann Gourcuff le Breton) ont été les premiers sacrifiés à cette hype post-Zidane. « Le problème, en France, c'est qu'on est toujours "à la recherche de"... Avant Zidane, c'était Platini et Ferreri, tous deux d'origine italienne, rappelle Yacine Hamened. Cette recherche est contre-productive. Tous les grands joueurs ne se ressemblent pas, en termes de vision du jeu, de style, etc. Et puis le joueur lui-même : être immédiatement comparé à ZZ, soit ça met trop de pression, soit ça incite le gars à démontrer que c'est vrai, et alors il se perd... À force de chercher le nouveau Zidane, on en a perdu plein en route, parce qu'ils n'avaient ni les épaules, ni le jeu. »

La hype Zidane touche aussi les filles, notamment l'excellente Louisa Necib, « Ziza », la Zizou au féminin, numéro 10 des Bleues et de l'OL, née à Marseille, d'origine algérienne, petit gabarit (1 m 68) au registre très technique et à la vista incomparable.

Autre effet néfaste, la « zidanisation » du milieu de terrain parasite la formation, comme le déplore Yacine Hamened : « En France, il règne un imaginaire très spécial. Dans un centre de formation, on dit : "Tiens, l'année prochaine, dans la génération 2006, il nous manque un peu de technique." Résultat, les recruteurs vont partir à la recherche d'un Maghrébin. C'est très ancré, c'est comme ça que réfléchissent les formateurs. On retrouve ça dans les équipes de jeunes, des U14 aux Espoirs : dans 90 % des cas, on fait jouer un petit Rebeu en milieu créatif. C'est un produit très demandé. On dit du foot français qu'il est athlétique : chez les jeunes, c'est très bien. Mais à un moment donné, pour aller plus haut, il faut quelque chose de différent, un joueur qui amène une touche technique et créative à l'équipe, de façon globale. Généralement, les équipes de France sont composées comme ça : du costaud avec du noir, un numéro 6 blanc, joueur de devoir à la Tousart ou Toulalan, et le petit Rebeu au milieu ou, selon les systèmes, devant, avec un profil de créateur, à la Gouiri. »

« Mon joueur algérien préféré : Ali Bouafia. Quel dribbleur et quelle carrière ! Un grand joueur qui mérite d'être réhabilité. »

C'est ce biais ethniciste qui guide le recrutement des clubs de L1 et de L2, comme en témoigne Sami Slougui, 35 ans, agent de joueurs, ex-milieu axial offensif, lui aussi : « Il y a des demandes particulières, oui. Mais on ne le dit pas explicitement. On sous-entend : quand on définit un profil technique, c'est dans 70 % des cas celui d'un milieu maghrébin. » Les plus anciens de la L1, comme Belhanda, Fekir, Aouar ou Khazri, ont été rejoints par Belkebla (Brest), Khaoui (Clermont), Ounahi (Angers), Boulaya (Metz), Adli (Milan-Bordeaux), Kebbal (Reims), Harit (OM) ou Aouchiche (ASSE). Vous pouvez leur coller dans le dos le numéro 8, 17 ou 34, ils n'en sont pas moins des 10 apparentés. L'Espagne suit la tendance, avec Brahim Diaz, un Hispano-Marocain de 22 ans, milieu offensif axial, numéro 10 du Milan AC. Il mesure 1 m 71. ■

Chérif Ghemmour
58 ans, pionnier de l'aventure *So Foot* depuis sa création. Brasseur-mixeur de la transversalité foot, rock, cinéma et politique. Juriste de formation (droits français et anglais), puis aventurier des médias. Auteur de plusieurs livres sur Foot & Politique, Johan Cruyff et Coupe de France.

TROP BEAU POUR TOI

La beauté est subjective. Mais elle dépend beaucoup des critères que l'on va prendre en compte pour l'évaluer. Pour les footballeurs, elle est indissociable de la façon dont ils se déplacent avec le ballon et de l'élégance avec laquelle ils le caressent.

PAR **GÉRALDINE MAILLET**

Avant la finale de la Coupe du monde 1998 entre la France et le Brésil, trois cents mannequins du monde entier sont réunis pour un gigantesque défilé Yves Saint Laurent sur la pelouse du Stade de France. Une heure quinze avant le coup d'envoi, l'arène est comble, l'atmosphère électrique. 1,7 milliard de téléspectateurs attendent l'affrontement. En amuse-bouche, les silhouettes de rêve et les visages juvéniles entament leur parade. La beauté est partout, fourreau, minijupe, canadienne, smoking, bustier, résille, jambes et seins nus, drapés... La beauté nargue les caméras et les regards tricolores. Insolente parce que l'air de rien. Chacune avance, le rouge aux lèvres, la pommette scintillante, la démarche séductrice, le port de tête altier, le sourire distant, inaccessible. Lætitia Casta foudroie, Carla Bruni aimante, Adriana Karembeu hypnotise, Inês Ribeiro excite, Katoucha chaloupe, Noémie Lenoir irradie, Carmen Kaas broie... Toutes si différentes, des quatre coins de la planète, toutes belles à se damner. La foule les applaudit. Elles n'ont pas marqué de but, mais la beauté est un spectacle, le spectacle ultime. Un diplôme suprême. Injuste et subjectif. Inutile, éphémère et pourtant, il se perpétue depuis la nuit des temps. Le *Boléro* de Ravel s'achève, les tambours laissent la place aux hymnes et aux champions. Zidane, Lizarazu, Deschamps, Petit, Cafu, Taffarel, Dunga, Leonardo... Doués, célébrés et bientôt légendaires. La beauté plastique tire sa révérence, le sport reprend ses droits. Vraiment ?

Tout classement de la beauté suscite des polémiques, comme après une élection Miss France.

DAVID BECKHAM EST BEAU

Lors de ce passage de relais, auquel j'ai eu l'honneur de participer, je me suis demandé ce que la beauté avait à voir avec le football. Qu'est-ce que le summum du beau pour le footballeur ? Qui est le plus beau joueur de tous les temps ? J'ai bien une short-list, établie par les magazines spécialisés en beauté et en créatures de rêve, mais il y a forcément des oubliés comme des surcotés. Tout classement ou hiérarchie de la beauté suscite des réactions controversées, des polémiques, comme après une élection de Miss France. Personne ne criera au sexisme ou à la grossophobie, mais chacun revendiquera son bel élu avec passion et intransigeance.

Sans prendre un risque énorme, on peut affirmer que David Beckham est beau. Neymar da Silva Santos Jùnior est beau. Luís Figo est beau. Matt Hummels est beau. Iker Casillas est beau. Antoine Griezmann est beau. Gerard Piqué est beau. Robin Van Persie est beau. Didier Drogba est beau. Rúrik Gislason est beau... C'est tout, ou il y en a d'autres

ZAVEN
NAJJAR

en magasin ? Il y en a d'autres, bien sûr, des dizaines. Des beaux en noir et blanc ou sépia, suivant la mode et les époques. Les années 1980 ne juraient que par la virilité d'Antonio Cabrini. La décennie 1990 se partageait entre le play-boy Paolo Maldini et la tête de gondole David Ginola. La publicité intégrait le footballeur à ses campagnes beauté, épiderme soyeux et chevelure irréprochable... Il y a aussi des beaux moins spectaculaires mais bourrés de charme, comme Daniele De Rossi, voire des beaux avec mulet, des beaux plus ceci ou moins cela, des beaux à la nonchalance BCBG, comme Javier Pastore, des beaux bad boy à la James Rodriguez.

Mais, les sondages sont formels. Cristiano Ronaldo est le plus beau de tous les temps. Le numéro un indéniable de toutes les enquêtes d'opinions. Le beau absolu, le beau mondialisé, le beau à bégayer, à imiter, à se masturber. OK, OK, c'est indéniable. Il ne me plaît pas du tout, mais je veux bien être conciliante. Beau, mais encore ? Il suffit de le regarder depuis des années, voyons. Il a tout. Des abdominaux galactiques, des regards insolents, des grimaces d'effort sur papier glacé, une foulée gracieuse et virile, des sauts suspendus, puissants, des sourires carnassiers, une pilosité géométrique, des tatouages littéraires, des célébrations *Game of Thrones*... Du calme ! Beau, c'est à dire ? Une tronche de gendre idéal et un corps fait pour le porno ? Une statue grecque, un dieu du stade, un super-héros hollywoodien, un métrosexuel top model ?

ÉTRANGES, FLUCTUANTS, POÉTIQUES

Tout ceci est réducteur. C'est pour ça que CR7 n'est pas ma came beauté. Trop transformé, trop retapé. Un joueur de foot beau n'est pas seulement une petite gueule formatée pour la libido des midinettes, les bouffées de chaleur des daronnes, le fantasme des LGBT, le tiroir-caisse des publicitaires, la curiosité des tabloïds, les posters des chambres à coucher punaisés par les adolescents et validés par leurs paternels.

La beauté d'un joueur de football est ailleurs. Dans un monde parallèle, aux critères étranges, fluctuants, poétiques. La beauté d'un footballeur est surprenante, mystérieuse, insondable. Elle provoque des larmes, des éclats de rire, des rêves, la chair de poule et de la nostalgie. La beauté d'un footballeur,

David Beckham

Didier Drogba

Raí

Gérard Piqué

c'est aussi et surtout l'émotion qu'il procure, une madeleine de Proust, un pincement au cœur.

Au foot, beau, c'est autre chose. Beau, c'est plus ? Beau, c'est ailleurs. Beau, ça peut être courtaud, le nez chafouin, le sourire de biais, la calvitie naissante, la mâchoire déséquilibrée. Beau, c'est l'aisance. Beau, c'est une promesse de bonheur. Beau, c'est une manière d'oublier le miroir et le bistouri. Beau, c'est la grâce, le sentiment de ne rien maîtriser et d'une danse sur la pelouse. Beau, c'est la rage pour conquérir les tribunes, c'est le geste technique comme une seconde nature. Beau, c'est le short sale à cause d'un déluge, les chaussettes tombantes après une chute. Beau c'est le maillot de la Juventus des années 70. Beau, c'est la mauvaise foi, la provocation, les cris, les rituels, l'arcade en sang.

J'ai fait ma liste à moi. Mes beaux incomparables. Mes prix Nobel de la beauté. Mon sondage perso.

Personne n'a jamais été plus beau que Maradona, conscient de sa laideur et pourtant prêt à subjuguer le monde.

Personne n'a jamais été plus beau qu'Andrea Pirlo et ses genoux cagneux, se préparant à tirer un coup franc.

Personne n'a jamais été plus beau que Roberto Baggio, le regard perdu, l'air maudit, persuadé qu'il va faire gagner son pays.

Personne n'a jamais été plus beau que Raí, son regard fort, son élégance de gentleman et la joie qui irradie de son sourire.

Francescoli, était plutôt moche, mais si beau, avec ses mouvements de corps et sa chorégraphie de jambes.

Dennis Bergkamp, épuré, sobre, léger comme une plume.

Giorgio Chiellini, éructant *Fratelli d'Italia*, le cœur serré et les yeux clos.

Fernando Redondo, classieux, esthète, alangui et gracieux.

Marco Tardelli, les poings serrés, poussant son « urlo » libérateur.

La beauté justement... La beauté indéniable. Zidane n'est pas spécialement beau en ce 12 juillet 1998. Bien sûr, on sent le potentiel, une promesse faite pendant une séance de préliminaires. Pour Zidane, l'orgasme de la beauté doit attendre quelques années. Coupe du monde 2006. Quart de finale France-Brésil. Le clou du spectacle. Zizou caresse le ballon. Sa foulée est une chorégraphie, une danse divine. Il excelle dans tous ses gestes. Zizou crache, essuie son visage, grimace. Son être est obnubilé par le beau. La foule en délire acclame chacun de ses passements de jambe. Petits ponts, passes transversales. Il est bon, il est sublime, il a tout. Comme Carla Bruni.

BLACK BLANC BEAU

Michel Platini l'affirme depuis toujours, il y a un avant et un après 1998. C'est une bascule, une révolution. Le football assume sa soif d'esthétique et ne renie plus sa quête de beauté. Ce soir-là, le pape de la couture, Yves Saint Laurent, et la star du cinéma français, Catherine Deneuve, applaudissent des gars en crampons qui sentent la transpiration et sont coiffés en brosse. Linda Evangelista subjugue Fabien Barthez. Les vélines traquent les joueurs italiens. Certaines femmes historiques demandent le divorce ou acceptent le silence. Les 1 m 80, 85/55/85, débarquent dans la vie du footeux. Et la mue est irréversible. Les passerelles entre le football et la mode se multiplient. Les marques de luxe draguent les vestiaires et invitent les vedettes du ballon rond au premier rang des défilés. Étendard de la mode, le football côtoie le star system, le gratin chic-glam-pop-fric. Neymar, Kim Kardashian, Ed Sheeran, Balenciaga, Anna Wintour, Olivier Rousteing, Jessica Aïda, Cardi B, Noah Beck, Gigi Hadid, Off White, Lionel Messi en Dolce & Gabbana, Virgil Abloh... Louis Vuitton revisite sa maroquinerie légendaire en s'inspirant du ballon rond. Le trophée de la Coupe du monde apparaît dans un écrin monogrammé. La mode et le football ne font qu'un. Et la beauté dans tout ça ?

La vraie beauté est si particulière, si nouvelle, qu'on ne la reconnaît pas toujours pour ce qu'elle est. ■

Géraldine Maillet

Elle a commencé sa carrière comme mannequin en défilant pour Givenchy et en posant pour le magazine *Vogue*. À 27 ans, elle bifurque vers l'écriture. Auteure d'une vingtaine de romans, réalisatrice de films et de documentaires, chroniqueuse pour *Touche pas à mon poste* depuis cinq ans. Dernier ouvrage paru : *Adil Rami-Autopsie* (éd. Hugo Sport, 2020).

UN RIOLO, C'EST TRÈS RIGOLO !

BINGO RIOLO

Critique d'un entraîneur français. POINTS 1 POINTS		**«On ne s'est jamais trompé dans l'After»** POINTS 2 POINTS	**«Je ne me souviens pas m'être trompé»** POINTS 2 POINTS
"Il est toujours en vacances, le président de la LFP ?" POINTS 2 POINTS	**"Moi, j'ai dit ça ? Prouve-le, allez !"** Variantes : « Hein ? Si t'arrives à prouver que j'ai dit ça, je te paye un resto ou ce que tu veux » ou « Je t'invite dans le resto que tu veux si j'ai tort » 2 points POINTS 1 POINTS	Critique du style ou de l'absence de style de l'équipe de France. POINTS 1 POINTS	
	Critique du modèle de formation français. POINTS 1 POINTS	**«Nos amis de l'UNFP»** POINTS 2 POINTS	Gros mot. POINTS 0,5 POINTS
"Je ne vais pas débattre avec toi puisqu'on n'est pas d'accord." POINTS 2 POINTS		**«Ça fait 10 ans que je le dis !»** POINTS 2 POINTS	Combo de plusieurs gros mots en une seule intervention. POINTS 1 POINTS
	**"Si ce joueur est le meilleur de l'équipe, c'est qu'il y a un problème."** (Postes visés : les numéros 6 et les gardiens) POINTS 2 POINTS		Combo de plusieurs gros mots en une intervention lors d'un tête-à-tête houleux avec un auditeur ou autre intervenant. POINTS 2 POINTS

Comment ça, Daniel aurait à l'antenne quelques tics de langage et syntaxiques, voire idéologiques ? Rendez-vous dès la prochaine émission avec nos cartes de bingo pour vérifier. Et compter les points. S'il est en forme, c'est 15 minimum.

PAR **JÉRÔME THOMAS**

BINGORIOLO

	Critique de la VAR. POINTS 0,5 POINTS	**"On ne peut rien dire sans que les footix qui ne connaissent rien à l'histoire du foot ne m'insultent."** POINTS 2 POINTS	Digression sur un autre sujet : cuisine, fringues, voyages... POINTS 2 POINTS
Jeu de mots avec le prénom d'un auditeur. Exemple pour Jeff : **« Tu es de Bruges ? »** POINTS 3 POINTS	**« C'est une petite vision Ligue 1, ça ! »** POINTS 2 POINTS	Critique de Deschamps ou Le Graët. (Critique des deux en même temps, 1 point). POINTS 2 POINTS	
	Vénération de Bielsa ou de son disciple Sampaoli. POINTS 2 POINTS	**« On est obligé de parler de ça ? »** POINTS 2 POINTS	Mention d'une de ses victoires au tennis. POINTS 2 POINTS
« Hein ? C'est déjà la pub ? Mais j'ai rien dit ! » (après un monologue de 5 minutes) POINTS 3 POINTS		**« Je l'ai écrit dans un de mes livres. »** POINTS 1 POINTS	Démonstration qu'il faut absolument acheter la Revue de l'After. POINTS 1 POINTS
Critique de Verratti. POINTS 0,5 POINTS	**« Verratti, l'idole des jeunes. »** POINTS 1 POINTS	Compliment sur Verratti. POINTS 4 POINTS	

SUPPORTERS D'ARSENAL

ENTRE PLAISIR ET SACERDOCE

Être supporter, c'est vivre des moments de joie et, plus sûrement, des désillusions, qui ne changent rien à la relation passionnelle qu'on entretient avec son équipe de cœur. À Arsenal notamment, on n'aime pas son club que pour le football.

PAR **JULIEN LAURENS**

Quand tu commences à supporter un club de football, tu ne le supportes pas à cause des trophées qu'il remporte ou pour un joueur ou son histoire. Tu le supportes parce que tu y as trouvé ta place, un endroit auquel tu sens que tu appartiens. » Cette phrase de Dennis Bergkamp, prononcée alors qu'il était encore joueur d'Arsenal, est célèbre en Angleterre. Elle date un peu, mais reste d'actualité, en ce qu'elle résume le sentiment d'appartenance à un club, à une communauté, tel qu'il est vécu outre-Manche. Victoires ou défaites, trophées ou régime maigre, cycle positif ou négatif, rapide montée en puissance, arrivée au sommet étape par étape, lente descente aux enfers ou chute brutale, peu importe, la motivation est ailleurs. L'adage du Néerlandais volant, son surnom (alors qu'il a une phobie maladive de l'avion), n'est pas toujours vrai, ou du moins pas totalement vrai. Mais chaque supporter peut s'y identifier. On peut aimer et supporter un club pour un joueur, un entraîneur, un style de jeu ou par amour filial, bien sûr. En Angleterre, ne dit-on pas qu'on ne choisit pas son club, mais qu'on en hérite de son grand-père, de son père, de son frère, de son oncle ou de n'importe quel membre de sa famille ?

Cela dit, revenons à l'essence même du supporter. Et plus précisément, parce que c'est Bergkamp, au supporter d'Arsenal.

UN ARSENAL SANS MUNITIONS MAIS PAS SANS ARMES

Le club connaît une période compliquée – huitième de Premier League l'an dernier, huitième, deux fois cinquième et sixième les quatre saisons précédentes. Elle dure depuis le départ d'Arsène Wenger en mai 2018, après vingt-deux ans à la tête du club, où il était arrivé, totalement inconnu, en 1996.

L'ère Wenger n'est pas simplement synonyme de victoires, en Premier League (3), en Coupe d'Angleterre (7), d'une invincibilité incroyable (aucun match perdu en championnat lors de la saison 2003-2004) et de quasi-victoires continentales – deux finales perdues, en Coupe de l'UEFA en 2000 et en Ligue des champions en 2006. C'est aussi une révolution. Elle a changé le football anglais à jamais, a doté les Gunners d'un jeu attrayant et spectaculaire, sans aucun doute l'un des

7 mai 2006 : Arsenal vient de jouer
son dernier match à Highbury.

plus beaux footballs que l'Angleterre ait jamais connu. Forcément, passer sur le banc après un tel monument n'est pas aisé. Mais supporter le club après de tels hauts et accepter de nouveaux bas n'est pas non plus une sinécure pour les pensionnaires de l'Emirates Stadium.

« C'est bien ça le problème. Si toute ta vie, tu as été habitué à suivre un club médiocre, qui ne gagne jamais rien, qui ne produit pas de beau football, tu n'en attends rien, explique Jon, la quarantaine naissante, abonné d'Arsenal depuis plus de vingt ans, alors que personne de sa famille n'aime le foot, mais qui a grandi pas loin d'Highbury et y habite toujours. Tu es là parce que ton club représente et signifie plus pour toi que juste gagner ou bien jouer. En revanche, si tu as mangé du caviar pendant quinze ans, le jour où tu te mets à manger du pâté, ça te fait bizarre. Dis-toi que j'ai vu les Invincibles de Thierry Henry, le but de Jack Wilshere contre Norwich, Lionel Messi et le FC Barcelone de Pep Guardiola repartir deux fois de l'Emirates sans victoire en Ligue des champions (en quart de finale aller en 2010 et en huitième de finale aller en 2011), que j'ai vu des passes magiques de Mesut Özil, des buts de fou d'Alexis Sanchez. Je me suis régalé pendant tellement d'années, j'ai vraiment pris mon pied. Quand tu passes à l'autre extrême, tu souffres ! Alors, pour digérer tout ça, eh bien, tu dois comprendre que le football ne fonctionne que par cycles. Un jour, Arsenal redeviendra une très grande équipe, elle regagnera le championnat d'Angleterre, elle rejouera de nouveau un football séduisant. On ne sait pas quand, mais ce jour viendra. En attendant, tu prends ton mal en patience et tu continues à soutenir le club, l'équipe. Parce que Bergkamp a raison, tu soutiens ton club parce que c'est une partie de toi, qu'il représente quelque chose de très spécial. C'est ça, avant tout, qui fait que tu continues d'aller au stade et d'y croire encore et encore. »

LE STADE SUPÉRIEUR DE LA PASSION

La fidélité à Arsenal s'inscrit dans la proximité géographique. Nombre de supporters vivent dans le Nord de Londres ou ont de la famille aux environs du stade. « À chaque match à domicile, j'entends les chants de la foule, les cris des supporters, les ovations, les sifflets. Comment pourrais-je ne pas aller au stade ? se demande Phil, 54 ans, employé de la poste. Même si Arsenal est nul, ne joue pas bien ou ne gagne pas, je ne pourrais pas rester là, chez moi. J'ai besoin de sentir l'ambiance,

21 février 2019 : un fan prend la pose de la statue de Dennis Bergkamp devant l'Emirates Stadium.

l'odeur des hot-dogs, de la pelouse. Et puis, j'ai la même place depuis trente ans, donc je connais tous ceux qui sont assis autour de moi. On se retrouve avant les matchs, on va au pub après les matchs. On est comme une famille et le club en fait partie. »

Les piètres résultats et les performances moyennes ne lui coupent-ils pas l'envie de continuer à passer ses samedis ou dimanches sur la route, pour un match à l'extérieur ou à l'Emirates ? « Bien sûr que j'aimerais revoir les Invincibles, répond-il. Mais il ne faut pas vivre avec le passé. Et puis, je ne peux rien y faire. Tout ce que je peux faire, c'est encourager les joueurs, l'entraîneur et l'équipe, et jouer à fond mon rôle de douzième homme. Je veux croire, peut-être naïvement, que les supporters ont une influence sur le résultat d'un match. Donc, je ne laisserai jamais tomber Arsenal. Même si un jour on se retrouve en 2e ou 3e division, je serai toujours là, l'été, l'hiver, sous la pluie ou la neige, en championnat ou en coupe. J'achèterai mes maillots, mes programmes. Ils auront toujours mon soutien, parce que j'aime ce club plus que tout au monde. »

MORE THAN A CLUB

Quoi qu'il arrive, impossible de changer d'allégeance. Être supporter d'Arsenal, comme d'un autre club, d'ailleurs, c'est pour la vie. Peu importe qu'il traverse une période creuse, ou pas, que le propriétaire, la famille Kroenke en l'occurrence, soit appréciée, ou pas, que Pierre-Emerick Aubameyang soit encore l'homme providentiel de l'équipe, ou pas. Quand on est tombé dans l'arsenal des Gunners, on y reste.

« Quand tu grandis et que tu commences à supporter une équipe, on t'apprend la loyauté, raconte Akhil, 41 ans, abonné depuis belle lurette et membre très influent de l'Arsenal Supporters Trust, une association de fans très présente dans la vie du club. En Angleterre, tu ne changes jamais de club. Tu ne peux pas supporter Arsenal et, quelques années plus tard, pour je ne sais quelle raison, devenir un fan de Liverpool. C'est impossible. Donc, tu restes toute ta vie avec ton équipe, dans les bons comme dans les mauvais moments. Tu peux ne pas aimer ton propriétaire, ton entraîneur, ton capitaine, mais tu n'arrêtes jamais d'aimer ton club, parce qu'il est au-dessus de tout, y compris de son propriétaire, de son entraîneur et de son capitaine. On puise son bonheur ailleurs que dans les résultats. »

La clé est là, finalement. En Angleterre, un club a un rôle et un objectif qui vont bien au-delà de la simple victoire. Il est un maillon indispensable à la vie du quartier, de la communauté, de la ville. Un pilier. Avec le programme « Arsenal in the community », les Londoniens accompagnent depuis plus de trente ans des centaines d'initiatives auprès des écoles, des associations caritatives, des maisons de retraite, hôpitaux et autres organismes du nord de la capitale britannique. À travers sa fondation, qui fonctionne grâce à des dons, notamment des joueurs qui, chaque année, lui cèdent un jour de salaire, le club lance de nombreux chantiers à travers le monde, comme la construction de terrains de football dans des camps de réfugiés en Irak, en Somalie, en Jordanie et en Indonésie, où le football sert d'échappatoire.

« Cela te permet de relativiser l'absence de supers résultats, poursuit-Akhil. Tu es fier de ce que ton club représente, de ce qu'il est, de ce qu'il fait pour la communauté, comme aider les écoles du quartier d'Highbury et de l'Emirates, travailler avec des personnes handicapées ou démunies. Ou de tout ce que la fondation met en place à travers le monde. Là, tu sens plus que jamais ce sentiment d'appartenance. Et si, en plus, le jeu, les résultats et les victoires reviennent, alors, tu as tout gagné ! »

Entre nostalgie et espoir, les supporters d'Arsenal s'accrochent à ce que représente leur club pour eux : bien plus que du football. ■

Julien Laurens
Je suis la Drôle de Dame anglaise depuis septembre 2018. Le plus amusant, c'est qu'avant de travailler pour RMC, j'avais joué au foot avec Gilbert, couvert Jérôme Rothen pour *Le Parisien* quand il était au PSG et étais allé à l'école avec Fred Piquionne. Aujourd'hui, on se retrouve tous dans l'After. Comme quoi, le destin...

Arrigo Sacchi avec des fans de l'AC Milan à Istanbul en mai 2005.

Zdenek Zeman salue les supporters au stade Flaminio en octobre 2010.

LE FOGGIA DES MIRACLES

Au début des années 1990, le football italien commence sa mue. Arrigo Sacchi prouve qu'une équipe italienne peut gagner en bouleversant des principes bien ancrés dans la culture nationale et, à 800 km de Milan, un entraîneur tchèque fait danser les cadors italiens avec une équipe composée de jeunes joueurs méconnus.

PAR **JOHANN CROCHET**

Septembre 1991. Ce titre, à la une du *Corriere dello Sport*, résume à lui seul la météorite Foggia : « Milan ou Juve ? Foggia, c'est mieux ! » L'équipe de Foggia vient d'entamer sa première saison en Serie A. Après un match nul contre l'Inter, une courte défaite contre la Juventus et une victoire à Florence, les Rossoneri ont entamé leur opération séduction. À travers un football courageux, dans la lignée de l'audacieux Arrigo Sacchi, ce club des Pouilles attire tous les regards, les envies, voire suscite les jalousies. C'est le début du « Foggia des miracles ». Cinq saisons durant, Foggia va gravir les échelons, jusqu'à flirter avec une qualification en coupe de l'UEFA. Aux commandes, un entraîneur tchèque signant ses exploits d'un Z qui veut dire Zeman.

SACCHI ET ZEMAN, POUR L'AMOUR DU JEU

Dans les années 1980, le championnat italien est d'une compétitivité extrême. Les clubs se partagent les meilleurs joueurs et les trophées. Six champions différents sont sacrés en dix ans : la Juve de Platini et Boniek, la Roma de Falcao et Conti, le Naples de Maradona et Giordano, le Milan de Baresi et Gullit, l'Hellas Vérone d' Elkjær et Briegel, l'Inter de Bergomi et Matthäus. Aux quatre coins de l'Italie, des stars. Même l'Udinese a réussi à attirer le génial brésilien Zico. Le football exalte les qualités des joueurs. Les tacticiens se régalent. Le but ? Faire déjouer l'adversaire, l'empêcher de marquer et se projeter en contre-attaque. Le marquage individuel est une norme. Les corps à corps sont intenses, parfois violents, le dimanche sur les pelouses italiennes. Dans chaque équipe, les fondamentaux du football italien sont sagement respectés.

Deux hommes vont bouleverser les codes. Le premier se nomme Arrigo Sacchi. Avec l'AC Milan, il introduit le marquage en zone, la défense haute, une approche offensive (mais équilibrée) des matchs, en jouant notamment de la règle du hors-jeu. Le second est moins connu. Tandis que Sacchi brille

Arrigo Sacchi introduit le marquage en zone, la défense haute, une approche offensive des matchs, en jouant notamment de la règle du hors-jeu.

sous les projecteurs de San Siro, Zden k Zeman évolue d'abord dans un quasi-anonymat, dans ce que les Italiens se plaisent à appeler – parfois avec dédain – le football des provinces. À Foggia, dans les Pouilles, l'entraîneur tchèque applique lui aussi ses principes: marquage en zone, pressing haut, football ultra-offensif et déséquilibré. La défense en zone exalte les qualités collectives et, comme le football n'est pas un sport individuel, la zone lui semble une disposition normale. Contrairement à Sacchi, Zeman est moins regardant sur l'équilibre, acceptant volontiers d'encaisser trois buts s'il parvient à en mettre quatre. Des points de désaccord existent, mais les deux entraîneurs sont animés par une même conviction: le football italien doit se mettre à la page, faire sa révolution et afficher plus d'ambition dans le jeu.

Arrigo Sacchi et Zden k Zeman se sont fréquentés, à la fin des années 1970. En 1978, les deux hommes suivent les cours de Coverciano, le centre technique fédéral, pour obtenir leur diplôme d'entraîneur. Au sein de cette promotion, les deux détonnent. Bien des années plus tard, Emiliano Mondonico, entraîneur notamment du Torino et de l'Atalanta et membre de cette promo 1978, racontera son étonnement face à ces deux techniciens. « Encore aujourd'hui, confiait-il en 2012 au *Corriere della Sera*, je ne réussis pas à expliquer ce qu'ont bien pu comprendre tactiquement Sacchi et Zeman d'un côté, et moi de l'autre, avec les mêmes professeurs et les mêmes enseignements, mais avec une interprétation totalement différente. »

La filiation est tellement évidente entre Sacchi et Zeman que lorsque le premier quitte Parme pour Milan en 1987, c'est le second qui prend sa place sur le banc parmesan. L'homme aux deux Ligues des champions (1989, 1990) continue encore aujourd'hui de présenter Zeman comme un « maestro ».

COMME UNE BOULE DE FLIPPER

Zeman et Foggia, c'est une histoire qui aurait pu ne jamais s'écrire. Au cours de la saison 1986-1987, le président Pasquale Casillo licencie Zden k Zeman lorsqu'il apprend que celui-ci déjeune dans un restaurant de Naples avec Luciano Moggi, directeur sportif du club de la ville. La première expérience à Foggia de Zeman tourne court. Mais l'art du rebond n'est pas qu'une légende. Après avoir obtenu la montée en Serie B en mai 1989, le président Casillo, bercé par le football effervescent pratiqué par son ancien entraîneur, le rappelle aux commandes de son effectif. « Le muet », comme

Arrigo Sacchi en 2003.

il est surnommé à son arrivée en Italie, en raison de sa faible propension à parler et à élever la voix, est de retour chez les Rossoneri de Foggia.

Zeman sait qu'il va devoir fonctionner avec peu de moyens. Le club a beau être présidé par Pasquale Casillo, président de l'un des plus gros exportateurs de blé et de farine du monde, ce dernier cultive son image de Picsou. L'équipe s'entraîne sur un terrain en terre battue, non loin du stade. Son nom ? San Ciro. L'équipe n'a pas de centre d'entraînement ni même de vraie pelouse pour s'entraîner. Casillo a pourtant promis à son

Zdenek Zeman en 1986.

entraîneur qu'une pelouse serait construite, mais les promesses n'engagent que ceux qui y croient. Et quand le petit terrain de San Ciro est indisponible, les joueurs s'entraînent... sur le parking du stade, au milieu des voitures, en multipliant les courses à moyenne et haute intensité.

Quand Zeman donne à son président une liste de trois joueurs par poste pour le recrutement, Casillo choisit à chaque fois le troisième, sans même essayer les deux premiers, car il sait que le dernier lui coûtera moins cher. Foggia recrute des joueurs de troisième division ou des jeunes joueurs qu'il faut faire progresser. Des jeunes qui ont faim, du caractère et veulent faire carrière. Cela tombe bien, Zeman adore ça. En l'espace de quelques mois, il parvient à transformer Beppe Signori, Roberto Rambaudi et Fernando Baiano en un trio d'attaque de premier plan. Après une première saison marquée par une huitième place en Serie B, l'équipe monte en Serie A dès la seconde. Sacrée meilleure attaque du championnat, et de très loin. Foggia colle des 5-0, 5-1 et 4-0 à ses adversaires.

En Serie A à partir de la saison 1991-1992, comme en Serie B auparavant, la recette est la même. Le ballon bouge comme une boule de flipper. L'équipe joue en une ou deux touches de balle, les joueurs sont toujours en mouvement et ils savent très bien où va arriver le ballon deux secondes plus tard. Les mécanismes de jeu sont rodés, tout se fait de mémoire, les yeux fermés. Le déséquilibre est assumé. Zeman part d'un principe simple : les joueurs aiment attaquer et n'aiment pas défendre. L'idée est donc de défendre en attaquant. Les scores fleuves s'enchaînent. L'enthousiasme augmente, le stade Pino-Zaccheria devient un chaudron. Les adversaires sont impressionnés par le vacarme ambiant. Plusieurs joueurs de la Juve, du Milan ou de l'Inter confient en privé que lorsqu'ils jouent à Foggia, ils ont l'impression de jouer dans un stade de 100 000 personnes. Le stade ne contient pourtant que 25 000 places. Quand les supporters sautent dans les tribunes, le terrain se met à trembler et les joueurs ressentent

Zeman part d'un principe simple : les joueurs aiment attaquer et n'aiment pas défendre. L'idée est donc de défendre en attaquant. Les scores fleuves s'enchaînent.

chaque vibration. La passion démarre des virages et atteint toutes les tribunes. Zeman, ses hommes et le public ne font qu'un. Mais l'osmose a un prix pour les joueurs.

LES JOUEURS SE DÉ…POUILLES

Lorsqu'un footballeur rejoint le Foggia de Zeman au début des années 1990, il s'attend à souffrir. Le technicien tchèque est réputé pour ses exercices physiques à la limite du soutenable pendant la pré-saison. Lors des courses répétées, il n'est pas rare de voir des joueurs vomir. Zeman n'en a que faire : il leur demande aussitôt de recommencer. Puis viennent les gradins. L'épreuve est redoutée et redoutable. Chaque mardi, les joueurs doivent grimper les tribunes de bas en haut, à une certaine allure, avec des poids de 5, 10 ou 15 kg arrimés aux épaules. Tout au long de sa carrière, il impose cet exercice dit « du sac de sable » dans les clubs où il est nommé. Même dans les années 2010, même avec l'évolution des méthodes de préparation, Zeman entretient ce culte du travail, des gradins et des sacs de sable. À Foggia, le président Casillo commence à avoir pitié des joueurs et n'est pas loin de demander à Zeman de mettre un terme à l'épreuve. L'entraîneur est inflexible. « Pour avoir de la qualité, il faut de la quantité », martèle-t-il. Les joueurs en font un gimmick et répètent cette phrase en boucle entre eux, accent de l'entraîneur inclus. Au-delà de la douleur, ils prennent conscience que la préparation paye. Ils vont deux fois plus vite que les adversaires, ils courent plus longtemps. Certains volent sur le terrain. La souffrance de l'entraînement la semaine laisse la place au plaisir de jouer le dimanche.

ZEMANLAND !

En mai 1991, Foggia accède à la Serie A. Le club recrute son quota de trois étrangers : les Russes Kolyvanov et Salimov, le Roumain Dan Petrescu. Pour sa première saison dans l'élite après plus de dix ans d'absence, le club termine neuvième et se fait remarquer par son football attrayant et spectaculaire. Les spectacles pyrotechniques s'enchaînent : match nul 3-3 à Naples et Florence, 4-4 à Bergame, victoire 5-0 contre l'Hellas Vérone, défaites 5-2 à Rome contre la Lazio et 8-2 à domicile contre le Milan de Capello. Les buts pleuvent. Foggia termine deuxième meilleure attaque et deuxième pire défense du championnat. L'équilibre n'y est pas, mais les tifosi s'en moquent. Chaque week-end, le sentiment qu'un rêve, qu'un idéal peut et va se transformer en réalité suffit à leur bonheur. Le football débridé de Zeman se retrouve régulièrement à la une des quotidiens sportifs italiens. À chaque fois, les mêmes mots sont utilisés : spectacle, fête, surprise, beau football, divertissement.

« Ça fait quinze ans que je parle de Zeman dans l'After. Enfin un papier qui résume tout de son influence sur le jeu. Merci Johann. »

Le trident offensif Signori, Baiano, Rambaudi fait des miracles. Le milieu de terrain offensif Igor Salimov réalise une première saison explosive, avec neuf réalisations. Problème pour Foggia : tous ces joueurs attirent des clubs bien plus huppés. Le président Pasquale Casillo veut résister, mais Zden k Zeman, qui a toujours fait du développement de ses joueurs une priorité, lui explique qu'il faut les laisser partir. Foggia est devenu trop petit pour eux et selon l'entraîneur, ça ne serait pas juste de les retenir et de les empêcher de rejoindre un club plus grand. Salimov part à l'Inter, Baiano à la Fiorentina, Signori à la Lazio, Rambaudi à l'Atalanta.

La saison 1992-1993 est plus difficile. Zeman doit reconstruire tout son secteur offensif. Les premiers matchs sont pénibles. La reconnaissance du ventre étant ce qu'elle est dans le football, des supporters mécontents du début de saison entrent en pleine nuit dans le stade et saccagent les installations et la pelouse. Sur des images de l'époque, on voit Zeman, le lendemain, ramasser les mottes de terre et essayer de les remettre dans les trous. Électrochoc ou non, l'équipe se remet à obtenir des résultats. On retrouve le football de Zeman, autour du Néerlandais Bryan Roy. Les individualités sont moins fortes, mais le jeu reste. L'équipe termine à la douzième place.

La saison 1993-1994 est la dernière du Foggia des miracles. L'équipe est en passe de se qualifier pour la Coupe de l'UEFA mais glisse sur la dernière marche lors de l'ultime journée, contre Naples. Un but de Paolo Di Canio envoie les Napolitains en C3 au détriment du club des Pouilles. Zeman part à la fin de la saison entraîner la Lazio. Son héritage est énorme.

Le technicien tchèque a signé l'une des plus belles épopées des équipes dites de province du football italien. Encore aujourd'hui, son Foggia des miracles est évoqué avec nostalgie, romantisme et un plaisir non dissimulé. En misant sur le jeu, le développement de ses joueurs et quelques principes novateurs, il a fait de Foggia une place forte du football transalpin dans les années 1990. Il a également montré qu'avec une organisation claire et ambitieuse, certains joueurs qui n'avaient peut-être même pas le niveau de la Serie B pouvaient jouer dans l'élite, parce qu'il était l'architecte d'un football joyeux et positif, où la confiance, la détermination et la répétition pouvaient faire de n'importe quel rêve une réalité. ■

Le technicien tchèque a réalisé l'une des plus belles épopées des équipes de province du football italien.

Johann Crochet
Spécialiste du football italien pour RMC Sport, je prêche la parole *al dente* dans l'After.

ÇA BOUGE SUR AFTERFOOT.MEDIA

Voici une sélection des nombreuses contributiowns publiées ces derniers mois sur afterfoot.media, relais désormais indispensable de l'émission et de la revue pour créer le lien et de provoquer le débat. Car c'est encore ça le sel de l'After. PAR **PIERRE SAUMARD**

21 août

PEUT-ON AIMER DEUX CLUBS À LA FOIS ?

Et si le polyamour existait dans le football ? C'est la thèse que soutient l'un de nos abonnés. Si l'on considère qu'une histoire ne ressemble à aucune autre, peut-on décemment porter deux clubs dans son cœur ?

Benjamin Burgalat

https://bit.ly/**3BZAn9x**

26 août

CHIEVO, LE CRÉPUSCULE DE VÉRONE

Alors que la Série A faisait son grand retour, une nouvelle tragique a frappé un club bien connu de l'élite transalpine : le Chievo Vérone n'est plus. L'occasion de lui rendre un dernier hommage.

Cédric Cabanel

https://bit.ly/**3DXYAgV**

29 août

PORTRAIT : DRAGAN STOJKOVIĆ

Véritable légende en ex-Yougoslavie, Dragan Stojkovi est encore aujourd'hui reconnu comme l'un des footballeurs les plus talentueux de l'histoire.

Christophe Disic

https://bit.ly/**3aUvuCx**

2 septembre

QU'EST-CE QU'UN VRAI SUPPORTER DU PSG ?

Supporter le Paris-Saint-Germain, c'est s'exposer à des réactions bien souvent passionnées. Mais au fond : qu'est-ce qu'un « vrai » supporter du PSG ? Décryptage.

Arthur Paquet

https://bit.ly/**3AWIZft**

7 septembre

L'IRONIE DU S(P)ORT

Euro 2021, France-Suisse : « C'est d'abord l'histoire d'un match mal géré » regrette Hugo Lloris dans une interview deux mois après la défaite. Mais peut-on simplement expliquer l'échec face aux Helvètes par une absence lors des dix dernières minutes ?

Florian Caringi

https://bit.ly/**3aRqqit**

Dragan Stojkovic en 1998.

10 septembre

LES DÉRACINÉS DU FOOTBALL

On distingue bien souvent les vrais supporters des « Footix ». Mais on oublie presque systématiquement ceux qui sont nés dans un « no man's land footballistique ».

Guillaume Freyssinet

https://bit.ly/**3lWoBXG**

15 septembre

LE SUPPORTÉRISME N'EST PAS UN HUMANISME

Les conséquences de la reprise en main de l'Afghanistan par les talibans et du retrait des troupes américaines ne sont pas seulement géopolitiques… elles sont aussi sportives.

Dominique Tassel

https://bit.ly/3AZp9jN

22 septembre

Le président du FC Barcelone, Joan Laporta.

VILLES MOYENNES : CES GRANDES OUBLIÉES

Le Championnat de France a repris en apportant son lot de surprises : du jeu, des buts et des rebondissements. Mais la Ligue 1 incarne-t-elle vraiment le football français dans sa pleine diversité ?

Vincent Gambini

https://bit.ly/**3C1IzHc**

25 septembre

COMMENT GÈRE-T-ON UN CRACK ?

Dans un milieu où tout va toujours plus vite, comment expliquer la propension des clubs à miser autant sur des potentiels aux variables aussi complexes ?

Rayane Bouaniza

https://bit.ly/**3G75su2**

29 septembre

PORTRAIT : JAVIER PASTORE

Héritier direct de la grande lignée des dix à l'ancienne, Pastore est l'un des derniers vestiges d'un football d'un autre temps.

Arnaud Levy

https://bit.ly/**3vvA3gj**

2 octobre

LE FOOT À LA SAUCE YANKEE

Private Equity, fonds d'investissement, Elliott, CVC, Ares, Silver Lake…. Ces nouveaux investisseurs arrivent dans un contexte particulier, post-crise du covid. Quelles conséquences pour les clubs européens ?

Geoffroy Reyjal

https://bit.ly/**3vvBMCj**

7 octobre

FAUT-IL S'INSPIRER DU MODÈLE ALLEMAND ?

La « Loi » 50+1 en vigueur en Allemagne est-elle un modèle adapté pour protéger la tradition et le foot romantique ? Le Fußball outre-Rhin peut-il faire rêver la France ?

Juan Macias Gomez

https://bit.ly/**3DXIUdE**

11 octobre

C'ÉTAIT LA GÉNÉRATION PLATINI

À quoi ressemblait le monde avant l'existence de la Ligue des nations ? Retour sur une époque ou la France de Platini posait les bases des futures victoires des Bleus dans les compétitions officielles.

Victor Martins

https://bit.ly/**3lXOxlV**

13 octobre

LAPORTA ET L'IDENTITÉ PERDUE DU BARÇA

La déchéance du club catalan est le fruit d'une politique qui a tourné le dos aux racines de son succès. Il lui faut maintenant cultiver à nouveau ce qui a fait sa force pour retrouver les sommets.

Olivier Goldstein

https://bit.ly/**3pjmTlj**

18 octobre

ALEXANDRE VILLAPLANE : SS IN URUGUAY

Découvrez le sordide destin d'Alexandre Villaplane, capitaine de l'équipe de France lors du premier Mondial de l'histoire en Uruguay avant de rejoindre une décennie plus tard les rangs de la Gestapo française…

Frédérik Legat

https://bit.ly/**3ATV0lT**

ZAVEN
NAJJAR

LA RÉVOLUTION RONALDO

En août 1994, une météorite s'écrase aux Pays-Bas : le jeune Ronaldo, pas encore majeur, y éclabousse le championnat de son talent. Le 4-3-3 batave, la nomenclature néerlandaise de jeu, le poste d'attaquant de pointe, tout vole en éclats, pour le plus grand plaisir des supporters et de ses coéquipiers.

PAR **JOHANN CROCHET**

« Moi, j'étais là pour donner des ballons à Ronaldo. J'avais la chance qu'il soit à la conclusion de ma passe. » Boudewijn Zenden en rigole encore aujourd'hui. En côtoyant le Brésilien pendant deux saisons au PSV Eindhoven, l'ancien joueur de l'OM était aux premières loges pour assister à la première aventure européenne de Ronaldo. Il se replonge avec gourmandise dans ses souvenirs.

Né la même année que l'attaquant de la Seleção, Zenden vient d'arriver en équipe première lorsque la star brésilienne débarque à Eindhoven, auréolé d'un titre de champion du monde sans avoir joué la moindre minute. À l'époque, il n'y a ni réseaux sociaux, ni diffusion quotidienne de matchs de football, encore moins de plateforme où sont recensées les performances des footballeurs du monde entier. « On ne savait pas qui il était, raconte l'international néerlandais. Pour moi, c'était un inconnu. Il avait certes été sélectionné pour la Coupe du monde 94, mais il n'avait pas joué. Il arrivait comme une future star, un vrai diamant. » Tout l'univers du football batave, de ses coéquipiers à ses adversaires, en passant par les journalistes et supporters, va vite faire la connaissance de celui qui ne porte pas encore le surnom d'O Fenómeno .

Il ne faut que quelques entraînements aux joueurs du PSV pour comprendre l'ampleur du phénomène. La présentation aux adversaires est tout aussi rapide. Dès son premier match d'Eredivisie, sur la pelouse du Vitesse Arnhem et sur un premier ballon en profondeur, Ronaldo fait parler sa vitesse et sa finition. À peine neuf minutes de jeu et Ronaldo a déjà pris rendez-vous avec le football néerlandais. En seconde période, le Brésilien se lance dans une chevauchée qui deviendra sa marque de fabrique. « Oui, oui, je me rappelle, c'est quand le ballon est sauvé sur la ligne par un défenseur ! » : 27 ans ont passé, mais Aad de Mos a encore l'action bien en tête. Il est le premier entraîneur de Ronaldo en Europe. Et il se souvient parfaitement de ce moment où Ronaldo, dans le rond central et dos au jeu, évite d'un contrôle orienté un tacle par-derrière d'un joueur du Vitesse, accélère balle au pied, prend de vitesse toute la défense, dribble le gardien et tire au but. Seul le retour en catastrophe de l'arrière d'Arnhem le prive d'un but exceptionnel, pour son premier match officiel sur le Vieux Continent.

Il ne faut que quelques entraînements aux joueurs du PSV pour comprendre l'ampleur du phénomène.

UN 9 TOUT NEUF

Rarement un joueur a autant transformé son poste que Ronaldo. Il était 9 parce qu'il lui fallait un numéro sur la feuille de match. Mais, pour l'époque, il faisait bien plus qu'un numéro 9. Aujourd'hui, un attaquant axial qui redescend au cœur du jeu est une banalité. Ce n'était pas le cas au début des années 1990.

Sauf rares exceptions, l'avant-centre était à la finition des actions. Certains plantaient carrément la tente dans la surface et attendaient les ballons. La Coupe du monde 90 avait consacré les Rudi Völler, Roger Milla, Toto Schillaci et Tomáš Skuhravý. Quatre ans plus tard, Kennet Andersson, Romario, Jürgen Klinsmann et Gabriel Batistuta prenaient le relais. Il en était de plus complets que d'autres, mais aucun n'affichait les compétences et la régularité technique de Ronaldo pour jouer avec les autres, partir en percussion des 40 mètres, faire la différence sur un côté ou dribbler la moitié de l'équipe adverse pour aller marquer.

Les actions les plus emblématiques de Ronaldo démarrent souvent au milieu du terrain, contre Saint-Jacques de Compostelle en Liga (1996) ou la Lazio en finale de Coupe de l'UEFA (1998) notamment. « Quand il faisait ses passements de jambe, c'est parce que, pour lui, c'était le meilleur geste pour éliminer le gardien ou le défenseur, rappelle Boudewijn Zenden. Il alliait le beau, le spectacle et l'objectif concret. Ce n'était pas pour faire le cirque. Il choisissait le chemin le plus rapide pour aller au but. Si pour ça, il fallait dribbler cinq joueurs à fond, rapidement, il le faisait. »

C'est le premier des attaquants modernes, capable de s'insérer dans le jeu et ne plus être seulement un point de fixation dans la surface. Il fait reculer le 9 de vingt ou trente mètres. Il montre qu'on peut faire différemment. Pour résumer, Ronaldo est un 9 avec la puissance et la vitesse d'un ailier et la technique d'un numéro 10 capable de percussion. Avec ses capacités physiques hors du commun, sa vitesse folle et sa panoplie de gestes techniques, il peut faire bien plus qu'attendre le ballon dans la surface. C'est à se demander si, aujourd'hui, Ronaldo ne serait pas aligné sur les côtés, comme ailier, là où se gagnent les un-contre-un et où l'alliance de la vitesse, de la puissance et de la qualité de dribble est réclamée par les plus grands clubs européens.

Ronaldo en 1994.

LE PSV PLUTÔT QUE L'AJAX

Ronaldo était du genre à bouleverser tous les plans préétablis. Dans un football néerlandais dominé par le dogme du 4-3-3, Aad de Mos décide rapidement de changer de plan. « J'ai troqué notre classique 4-3-3 néerlandais pour un 4-4-2, afin de protéger Ronaldo et Luc Nilis et ne pas leur demander trop de travail défensif », se souvient l'ancien entraîneur du PSV. Pour enchaîner les courses violentes et longues, coûteuses en énergie, il faut mettre Ronaldo dans un fauteuil. « On avait un gros problème. On avait une attaque de feu, mais une charnière centrale très faible. Parfois, on marquait quatre buts, mais on en prenait cinq. L'erreur a été de construire le toit du PSV avant les murs et les fondations. » De Mos est démis de ses fonctions quelques semaines seulement après le début de la saison. Les performances très décevantes du club d'Eindhoven sont masquées par les fulgurances de Ronaldo : trente buts en championnat, alors qu'il a débuté la saison à 17 ans. Aucun adolescent, pas même l'immense Johan Cruyff, n'avait réussi à atteindre aussi jeune la barre des trente réalisations. Derrière lui, un autre ado brille dans le club rival de l'Ajax : Patrick Kluivert. Il termine deuxième meilleur buteur d'Eredivisie, avec 18 buts. Ironie du sort, il est l'une des raisons de la venue de Ronaldo au PSV.

Il faut rembobiner quelques mois en arrière pour comprendre le lien de cause à effet. « J'avais une très bonne relation avec une personne en Israël qui, lorsque j'étais entraîneur au FC Malines, m'avait recommandé un super joueur, Eli Ohana, avec qui j'avais remporté la Coupe des coupes (C2) en 1988 contre l'Ajax, se remémore Aad de Mos. Il m'avait appelé un jour, alors que j'étais coach du PSV, m'avait indiqué trois bons joueurs au Brésil : un super attaquant de Cruzeiro, Ronaldo, un milieu créatif en D2 brésilienne, Rivaldo, et un ailier gaucher, là encore de D2 locale, Roberto Carlos. Je suis donc allé au Brésil, car

Designer Adidas sous ecsta.

1995. De gauche à droite : Arthur Numan, Dick Advocaat, Ronaldo et Luc Nilis.

on cherchait un attaquant. J'ai vu Ronaldo... (il marque une pause, ndlr) et c'était incroyable. Ses dribbles étaient extraordinaires, sa vitesse était folle, sa capacité technique avec les deux pieds également. Quelques mois plus tard, en novembre 1993, j'ai envoyé mon adjoint faire un rapport sur ces trois Brésiliens. Pendant ce temps-là, je parlais avec l'entourage de Ronaldo et mes dirigeants. En mars 1994, ils sont devenus nerveux quand ils ont vu à la télé qu'il y avait une personne de l'Ajax venue au Brésil pour voir Ronaldo. »

Le grand rival est sur le point de lui souffler sa pépite. « L'affaire était quasiment pliée. Mais à cette époque, Louis van Gaal, l'entraîneur de l'Ajax, avait dit qu'il n'avait pas besoin de Ronaldo car il avait un jeune très fort qu'il voulait faire jouer, Patrick Kluivert. On a eu de la chance, car Ronaldo n'est finalement pas allé à l'Ajax mais au PSV. On s'est rendus aux États-Unis pendant la Coupe du monde 1994 pour faire signer le contrat à Ronaldo. Le club a fait de gros efforts financiers, plus du double de ce qui était demandé au départ, et le PSV a même abandonné le contrat d'équipementier avec Adidas pour prendre Nike, dès la deuxième saison de Ronaldo. Car à l'époque, en termes de marketing, de publicité, il n'y en avait que pour le Brésil, qui était chez Nike. Il fallait que ce soit raccord. Et dans le deal avait également été inclus un jeune brésilien, Vampeta. Donc, ce transfert avait de nombreuses ramifications et le PSV avait cédé sur beaucoup de choses. » Ronaldo valait bien tous ces sacrifices.

« Si tu es né après 1998, va vite sur youtube et tape 'les buts de Ronaldo brésilien'. »

L'IMPACT D'UNE MÉTÉORITE

À Eindhoven, les fans se délectent des exploits de l'attaquant de la Seleção. « Les supporters ont profité de deux saisons avec un joueur extraordinaire, rapporte Rik Elfrink, journaliste à l'*Eindhovens Dagblad*. Ce qui marquait tout le monde, c'est qu'on sentait que Ronaldo prenait du plaisir sur le terrain, que c'était un passionné, qui dribblait avec le sourire et marquait en rigolant. Cette joie, cet enthousiasme, tout ceci était contagieux et touchait les supporters. » Le stade fait le plein. Les supporters sentent qu'ils tiennent là leur nouvelle bonne pioche brésilienne, un an après avoir dit au revoir à Romario, auteur de cinq très belles années au PSV, entre 1988 et 1993. « Romario a eu un impact important sur le football néerlandais car il a été le premier, le pionnier, ajoute Elfrink. Par contre, Ronaldo était plus spectaculaire, plus talentueux. Il émerveillait plus les amateurs de foot. Cela a été une sensation aux Pays-Bas de découvrir ce joueur qui sortait de tous les cadres établis. »

Ronaldo, c'est aussi et surtout ce que ses coéquipiers et adversaires en disent. Le Brésilien a révolutionné le poste d'attaquant axial dans les années 1990. Ce football nouveau et cette impression de découvrir quelque chose de très différent des habitudes ont suscité une curiosité et un intérêt majuscules. À l'époque, un jeune adolescent français, passionné de football, tombe amoureux - ce sont ses mots - de l'attaquant brésilien. Il vit à Bron, dans la banlieue lyonnaise. « Je suis tombé amoureux du football quand je t'ai vu à la télévision, a avoué Karim Benzema à Ronaldo, lors d'un live Instagram, en 2020. Tu étais à un niveau qu'on n'atteindra jamais. » L'attaquant du Real Madrid a passé des heures à décortiquer les gestes et les mouvements de son idole, expliquant que sa principale influence avait été R9. Ronaldo est le modèle de nombreux attaquants, mais les élèves n'ont jamais dépassé le maître. Surtout, aucun n'a provoqué cet hébétement, répété à chaque fois qu'un fan de foot découvre ses premières courses et ses premiers dribbles, ces moments en apnée, pendant ses accélérations, où l'on se demande à quel moment il va perdre la balle ou se faire tacler, avant d'être rappelé à la réalité en voyant les filets trembler.

Dans le football, il faut savoir répondre présent. Être décisif au moment le plus important. Ne pas

« Je suis tombé amoureux du football quand je t'ai vu à la télévision. Tu étais à un niveau qu'on n'atteindra jamais. »

être blessé pour le match de l'année. Marquer le but de la victoire à la dernière seconde d'un match. Arrêter le dernier tir au but. Tout est une question de timing. Et pour l'impact que laissent les joueurs dans l'histoire du football, c'est la même chose. Lionel Messi et Cristiano Ronaldo sont deux joueurs extraordinaires, ils ont émerveillé les amateurs de football, mais ils n'ont pas eu un impact aussi fort que Ronaldo en son temps, qui a fait vaciller toutes les certitudes, explosé tous les compteurs et révolutionné son poste pour toujours.

UN TUEUR AU SOURIRE D'ENFANT

Ronaldo était aux antipodes des buteurs à la personnalité mécanique et robotique, pour qui marquer un but est au mieux normal, au pire banal. À chaque réalisation, un sourire immense illuminait le visage du Brésilien. C'était la même joie que lorsqu'il marquait dans les rues de Rio de Janeiro. Le même plaisir enfantin, la même fierté devant l'accomplissement. L'attaquant donnait beaucoup de plaisir à ses supporters, car il en prenait lui-même sur le terrain. Le football est un partage et ça, le Brésilien l'avait bien compris.

Le joueur du PSV était sur le terrain comme à la ville, joyeux et positif. « Pour les Sud-Américains, c'est un grand cap à franchir de venir en Europe, fait remarquer Zenden. Ronaldo ne parlait évidemment pas néerlandais, ni anglais. Arriver dans une petite ville comme Eindhoven, quand tu as connu la grandeur de Rio de Janeiro, c'est un sacré changement. Le climat, la culture, la façon de faire les choses, tout est différent. Mais il s'est adapté assez facilement. Il était ouvert, jovial, pas timide. Il était rigolo, il avait un certain sens de l'humour. » Le gaucher se souvient de la manière dont Ronaldo chambrait Dick Advocaat. Nommé pendant la saison 1994-1995 à la tête du PSV, ce dernier n'était pas réputé pour être le plus drôle des entraîneurs. « Advocaat venait de quitter son poste de sélectionneur des Pays-Bas, après la défaite en quart de finale du Mondial 94 contre le Brésil, justement. Ronaldo avait une réplique de la Coupe du monde en tout petit sur son porte-clefs. Et quand Advocaat arrivait, il prenait son porte-clefs et faisait mime de soulever le trophée avec la petite réplique. »

DANSE AVEC LES DÉFENSEURS

Le 13 septembre 1994 est une date importante pour les supporters du PSV. Ce jour-là, l'équipe se déplace à Leverkusen, pour le premier tour de la Coupe de l'UEFA. Au fil d'un match fou, les Allemands finissent par s'imposer, 5 à 4. Mais ce soir-là, c'est le nom du Brésilien que tous les acteurs du match ont sur les lèvres. Auteur d'un triplé, cinq jours avant son dix-huitième anniversaire, Ronaldo survole les débats. Après la rencontre, Rudi Völler explique à la presse qu'il n'a jamais croisé un attaquant pareil. Le lendemain, dans le quotidien allemand *Bild*, Franz Beckenbauer déclare qu'il a « vu le nouveau Pelé ».

Boudewijn Zenden était de la partie. « Ce premier match européen est un immense souvenir, raconte-t-il. Je venais d'arriver en équipe première, après avoir fait une super saison avec les moins de 18 ans. On jouait à Leverkusen, Ronaldo était arrivé depuis quoi, un mois ? À 17 ans, il a mis un triplé dans le froid, avec un temps pourri. C'est pendant ce match que tout le monde a découvert que c'était un joueur à part. »

Dans ces années-là, les supporters du PSV sont gâtés. D'abord Romario, ensuite Ronaldo. O Fenómeno reste deux saisons à Eindhoven, le temps de marquer 54 buts en 57 rencontres officielles, le temps aussi de subir sa première grosse blessure au genou. Une fragilité anormale, pour cause de débuts prématurés. « Quand je lui montre les actions de Ronaldo, la façon qu'il avait de dribbler, ses accélérations, mon petit-fils me dit qu'il n'était pas humain, qu'il n'était pas normal », rigole Aad de Mos. C'est peut-être encore ce qui explique le mieux l'impact de la révolution Ronaldo sur le football : il semblait anormal, mais était bien réel. ■

Johann Crochet
Spécialiste du football italien pour RMC Sport, je prêche la parole *al dente* dans l'After.

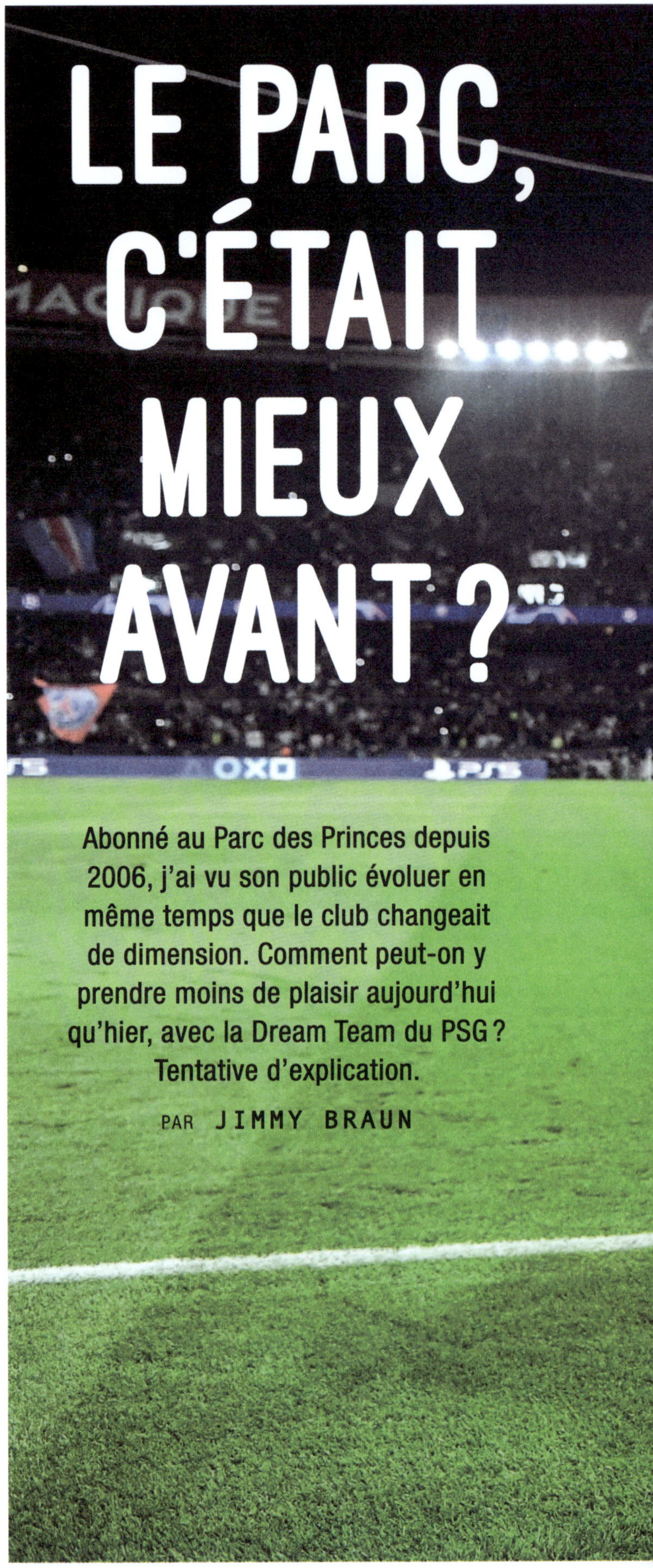

LE PARC, C'ÉTAIT MIEUX AVANT ?

Abonné au Parc des Princes depuis 2006, j'ai vu son public évoluer en même temps que le club changeait de dimension. Comment peut-on y prendre moins de plaisir aujourd'hui qu'hier, avec la Dream Team du PSG ? Tentative d'explication.

PAR JIMMY BRAUN

Mardi 28 septembre 2021, 22h35. Le Parc explose. Lionel Messi vient d'inscrire face à Manchester City son premier but sous les couleurs du Paris Saint-Germain.

Ne me demandez pas pourquoi, mais ça me renvoie au samedi 10 mai 2008. À l'époque, le PSG de Clément Chantôme, Marcos Ceará et Grégory Bourillon lutte pour ne pas descendre en Ligue 2. Pour le compte de la 37e journée, Paris reçoit Saint-Étienne et est rapidement mené. L'angoisse se propage dans les travées du Parc des Princes, jusqu'à l'heure de jeu et l'égalisation de Jérémy Clément, sur une improbable reprise du pied droit.

De Jérémy Clément à Lionel Messi, cette même ferveur, ce même vacarme assourdissant. Et pourtant, tout a changé.

RÊVONS PLUS PETIT MAIS PLUS FORT ?

En 2008, Lionel Messi n'avait pas encore remporté le premier de ses six Ballons d'or. L'imaginer fouler la pelouse du Parc (je ne parle même pas sous les couleurs parisiennes) était un rêve lointain . Ce n'était pas encore l'ère du « Rêvons plus grand ».

À l'époque, Pedro Pauleta faisait ses adieux au public parisien, sans être sûr que le club parisien terminerait la saison en Ligue 1.

Jérôme Rothen, qui a adoubé Lionel Messi en le reconnaissant comme son héritier, se souvient : « Je me rappelle très bien ce but, parce que j'étais à côté de Jérémy. On était tous surpris. Il ne mettait jamais un but, ne faisait jamais une passe décisive... On a vu ça comme un signe. Le public aussi, vu l'ambiance qu'il y a eu après son but. À cette époque, il y a des ambiances qui ont marqué : le but de Luyindula en Europa League contre Twente qui

La joie de Marquinhos et de ses coéquipiers lors du match de Ligue des champions de l'UEFA entre le Paris Saint Germain et Manchester City au Parc des Princes le 28 septembre 2021 à Paris.

Metz-PSG le
20 septembre 2021.

nous qualifie alors que personne n'y croyait (lors de la saison 2008-2009, une qualification pour les seizièmes de finales, après une victoire 4 à 0 lors de la dernière journée, ndlr). Il y a eu ce but-là. Le but de Messi, évidemment, ce n'est pas la même attente, mais tu sens que les gens espéraient quelque chose, un déclic. Tu sens le Parc bouillir, qu'il n'attend que ça. Quand on parle de communion, c'est exactement ça, des moments rares. Quand il marque, il y a comme une libération, des supporters, de ses coéquipiers, même de Pochettino. Tu entends un brouhaha, d'un coup, qui résonne, c'est incroyable. Quand tu entends le Parc comme ça, tu te demandes pourquoi ça n'arrive pas plus souvent. Sûrement parce qu'aujourd'hui, ce n'est plus la même population en tribunes. »

Depuis l'arrivée de QSI, rien n'est plus pareil. La population des tribunes non plus. Pour assister à PSG- Manchester City, les places les moins chères, en virages, se revendaient autour de 200 euros. En 2008, l'abonnement annuel en virages coûtait en moyenne... 30 euros de moins. Par conséquent, les classes populaires ont peu à peu déserté les tribunes du Parc, remplacées par des touristes venus des quatre coins du monde pour apercevoir les stars parisiennes.

Il y a quinze ans, passer une soirée au Parc des Princes plutôt qu'au cinéma, au théâtre ou au restaurant, c'était limite passer pour un marginal. Aujourd'hui, on se bouscule pour essayer d'avoir son selfie dans le stade ou la célébration d'un but en story.

PARIS EST MAGIQUE, MAIS QUID DE SON CLUB ?

Jérôme Rothen, qui, d'après lui, s'il était né quelques années plus tard, aurait toute sa place dans l'équipe du PSG de 2021, est désormais un fidèle des tribunes de la porte de St-Cloud. Il confirme l'arrivée d'un nouveau public : « Tout à fait. Ils viennent pour voir les stars. Il reste quelques anciens et il ne faut pas mettre tout le monde dans le même sac, mais on ne les entend plus, car ils sont minoritaires. Moi, je préfère être au Parc en tribunes plutôt que dans le carré VIP, donc je les vois. À force d'agrandir les loges, d'augmenter les prestations, avec les salons, ça coûte très cher au client - parce qu'ils appellent ça des clients, maintenant. Ces gens-là viennent mais ne regardent même plus le match. Ils regardent Messi, Neymar... Il y a un truc qui me rend dingue, c'est de voir les gens filmer les matchs avec leur téléphone. Ils ont installé des bornes pour charger les téléphones à l'entrée des tribunes. Il faut savoir vivre avec son temps, d'accord, mais c'est important de conserver un esprit populaire au Parc. Il a changé, le Parc. Aujourd'hui, tu as l'impression de débarquer dans un hôtel 5 étoiles. Certaines choses me choquent. Quand je vois que dans certaines tribunes, les stadiers demandent aux gens d'arrêter de se lever, ça me rend fou : "Asseyez-vous, restez assis !" Mais on va où, là ? J'étais au Parc contre Clermont, les gens ne se sont pas levés pour le deuxième but. Ils restent assis, c'est à peine s'ils applaudissent. Ce n'est pas possible. À l'époque, même dans les tribunes les moins "populaires", c'était inenvisageable. Le PSG doit être vigilant là-dessus, parce que ça prend une mauvaise tournure. »

Je crois me souvenir que les bornes pour charger les téléphones portables à l'entrée des tribunes ont été installées à l'issue de la saison 2012-2013. J'ai encore en tête les flashs qui crépitaient aux quatre coins du Parc des Princes à chaque fois que, lors de son bref passage au club, David Beckham tirait un corner.

Au fil de ma discussion avec Jérôme, je me conforte dans l'idée que c'était mieux avant, que l'on ne retrouvera jamais le Parc qu'on a tant aimé et, surtout, que ça risque d'empirer.

LA FRANCE : UN PAYS DE FOOT...IX

C'était avant de croiser un autre fervent supporter du club, abonné au Parc des Princes depuis 1992, j'ai nommé Julien Cazarre : « Je suis hypermnésique. On est en 1995. C'est le premier match de Ligue des Champions, je suis à Auteuil. Le stade n'est pas plein. Le speaker annonce le nom des joueurs,

David Beckham au
Parc des Princes en 2013.

il fait un truc du style "En numéro 1, Bernard Lama, numéro 1, Bernard..." pour laisser le public répondre. Il se sent obligé de donner le nom des joueurs. Tu ne peux pas faire plus footix – si quelqu'un me dit que ce n'est pas vrai, j'ai encore la cassette vidéo. On ne se rend pas compte que ça ne fait pas si longtemps qu'on est un pays de foot. Y'a pas qu'à Paris. J'ai revu une vidéo, de 1992, Papin annonce au micro aux supporters de l'OM qu'il quitte le club pour signer au Milan. Tout le public l'acclame. Tu imagines ça une seule seconde, aujourd'hui ? "Va te faire enc... gros, vas-y, au Milan !" Au début des années 1990, Auteuil c'était que des quidams. Les Ultras sont arrivés plus tard. À l'époque, il n'y en avait qu'à Boulogne. Ils étaient très chauds. Il y avait des mecs bien, mais aussi des mecs assez bizarres. Le seul joueur d'une équipe adverse à avoir été ovationné par Boulogne, c'était Ulrich Le Pen... Aujourd'hui, sur 45 000, t'en as 15 à 20 000 qui tournent et qu'on peut qualifier de footix. Mais n'oublie pas un truc, c'est qu'à l'époque tu ne les voyais pas, ces mecs-là, parce que tu faisais 30 000 spectateurs de moyenne. Le soir du match du titre et du but de Ricardo, en 1994, le Parc n'est pas plein (34 000 spectateurs). Aujourd'hui, tu as 15 à 20 000 mecs de plus qui viennent avec du pop-corn. Et tu as toujours 20 000 mecs qui sont à fond. Dans les gros matchs de coupe d'Europe, contre Marseille... le Parc s'enflamme, parce que ce sont les scénarios des matchs qui provoquent ça. Le reste du temps, tu n'as que les virages. »

PARC DE FOOT OU PARC À THÈMES ?

En l'espace de dix minutes, je suis renvoyé à ma condition de réac. Quelques jours avant le match contre

Le seul joueur d'une équipe adverse à avoir été ovationné par Boulogne, c'est Ulrich Le Pen.

Manchester City, j'ai assisté à PSG-Montpellier. J'ai été surpris de voir que le Parc n'était pas complètement plein et surtout du nombre de personnes à côté de moi, en tribunes, qui étaient dégoûtées de ne pas voir Lionel Messi sur le terrain. Ça n'a pas empêché le stand installé à l'entrée des coursives de vendre des maillots floqués à son nom et de faire un carton. Le PSG sait séduire ses « clients ».

Tout ça fait sûrement partie du décor, lorsqu'on devient un « grand club » et qu'on veut concurrencer les meilleurs d'Europe.

D'ailleurs, le prochain objectif de QSI est d'agrandir le Parc des Princes. À entendre Jérôme Rothen, ça ne va pas arranger les choses, côté ambiance : « Ils veulent agrandir le Parc, mais pour faire encore plus de loges. Des gens qui sont aujourd'hui proches du terrain vont devoir être déplacés pour leur laisser la place. Certains accepteront, d'autres ne viendront plus du tout. Si ces gens-là, qui sont en tribune depuis quarante ans, quittent le stade, ce sera dramatique. Ils laisseront leur place à des gens qui viendront voir les stars jouer, pas supporter le PSG. Certains signes ne sont pas bons. À côté de ma tribune, il y a un énorme poster de Beckham. Tu sais à quel point j'adore et respecte ce joueur, mais, honnêtement, qu'est-ce qu'il fout là ? Il a joué six mois au PSG. Le message envoyé, c'est qu'on veut avant tout parler à tous ces gens qui viennent du Costa Rica, du Venezuela, d'Australie, de Chine... C'est un vrai problème ».

Aussi dingue que ça puisse paraître, je suis nostalgique du Parc des Princes de 2008. Le Parc de l'avant « plan Leproux », quand les Ultras de Boulogne et d'Auteuil se répondaient et emmenaient avec eux les tribunes latérales. Je comprends que ce propos puisse choquer un observateur neutre. Comment peut-on prendre plus de plaisir avec Souza, Peguy Luyindula ou Amara Diane qu'avec Neymar, Lionel Messi et Kylian Mbappé ?

ON N'A PAS LA MÊME HISTOIRE MAIS ON A LA MÊME PASSION

Finalement, c'est sûrement Julien Cazarre qui a raison : « Faut pas s'inventer une histoire qu'on n'a pas. On n'est pas un club ouvrier, on n'est pas un club centenaire. Paris, c'est un club créé par un pubard, un type qui faisait de la haute couture et un acteur de cinéma. Ce club est une blague, un club de branleurs dans une ville de branleurs. C'est son ADN. Les mecs de 30-35 ans ont eu l'impression qu'ils supportaient un club populaire, mais en fait il est devenu populaire parce qu'il était nul. On n'est pas Liverpool, Marseille ou Manchester United. Tu n'as pas un type avec des godillots qui joue avec le maillot de ton club, aucun arrière-grand-père qui soit un supporter du PSG. Tu ne pourras jamais être un club normal. C'est ça l'ambiguïté : on rêve d'être ce qu'on ne sera jamais. On est des vrais, mais on est des vrais... différents ! »

Moi, j'ai 33 ans. Je trouverais plus légitime d'accrocher un portrait de Jérôme Rothen que de David Beckham à l'entrée d'une tribune. Je continuerai à manger mon sandwich merguez à l'entrée du Parc plutôt qu'un Burrito à 13 euros proposé par « El Camion ».

Mais je suis sûr que je partagerai une même joie avec mon voisin de tribunes, qui a confondu Abdou Diallo avec Colin Dagba jusqu'à la 67e minute de PSG-Montpellier, si un jour on a le plaisir de voir Messi, Neymar and co soulever la Ligue des champions. C'est sûrement ça, être un vrai. ■

« Retrouvez Jimmy tous les soirs dans l'After avec ses excellentes chroniques. De la bombe ! »

Jimmy Braun
Quand j'appelais l'*After* en 2006 en sortant du Parc des Princes, je ne m'imaginais pas 15 ans plus tard discuter foot au quotidien avec Gilbert et Daniel. À RMC depuis 2016, dans la rédaction, en régie ou en studio, je parle ballon à longueur de journée. Je suis ce que Gilbert appelle « un enfant de l'*After* ».

La fameuse lucarne au 24 rue Jules Vallès à Évry.

UNE LUCARNE POUR FAIRE LA LUMIÈRE

À Évry, dans le département de l'Essonne, une toute petite fenêtre a montré que la grandeur n'est pas qu'une question de taille.

PAR **HOUSSEM LOUSSAÏEF**

C'est l'histoire d'une simple fenêtre, née au milieu des années 1970. Sa mission originelle ? Donner une apparence plus digne au local poubelle qu'elle éclaire, 24, rue Jules Vallès, dans le quartier des Pyramides, à Évry. S'il y a 50 ans, on lui avait dit qu'elle aurait droit à une localisation Google rien que pour elle, elle n'en aurait pas cru un mot. La fenêtre du vide-ordures de ce bâtiment HLM est aujourd'hui connue du monde entier.

UNE FENÊTRE SUR L'AVENIR

Cette reconnaissance est le fruit d'un mélange entre passion et plaisir, le tout saupoudré d'imagination. L'un des voisins du local, Malamine Sissoko, qu'on appelle Malason (prononcer Malassonne), décide un jour d'accorder un peu plus d'importance à cette fenêtre. Pendant vingt ans, elle n'a jamais attiré le moindre regard, avant de devenir l'élément central d'un jeu qu'il a conçu.

La fenêtre du vide-ordures de ce bâtiment HLM est aujourd'hui connue du monde entier.

Éducateur sportif et amoureux du football, Malason imagine ce défi : depuis le trottoir d'en face, chercher le geste parfait pour faire entrer un ballon dans cette petite lucarne de 45 centimètres de côté. Il ironise : « On était là, on galérait, comme souvent. On essayait avec des potes de toucher un panneau sens interdit, jusqu'au moment où

Lionel Messi fait la promo du ballon siglé Évry.

Malamine Sissoko, à l'origine du défi de la lucarne.

nos regards se sont posés sur cette fenêtre. »

La légende naît là. Elle se construit sur les réseaux sociaux. Djibril, le grand frère de Malason, entend du bruit, sort de chez lui, se positionne et envoie le ballon du premier coup dans la lucarne. Le mouvement devient viral sur Twitter. Tout le monde veut les rencontrer. « Des gens viennent de toute la France, de Montpellier, d'Orléans, des familles entières, avec leurs enfants », s'amuse Malason. Le 24, rue Jules Vallès, à Évry, se transforme en adresse touristique. Mais pas que.

Des influenceurs, des artistes, des journalistes et des joueurs de foot s'emparent du phénomène. Lorsque l'une de ces personnalités fait le déplacement, l'endroit est pris d'assaut. Régulièrement sous les feux de l'actualité pour de sombres histoires de rixes entre bandes rivales ou autres trafics, le quartier saisit cette opportunité de montrer un autre visage, comme une aubaine. « Tu ne sais pas quelle joie j'ai eue quand j'ai vu les gars de la BAC s'arrêter pour se poser avec nous et tenter eux aussi de tirer », raconte Malason.

L'aval des forces de l'ordre est une victoire pour lui et sa bande, mais d'autres visites vont avoir des répercussions plus grandes encore. Début septembre, Malason reçoit des appels d'un numéro anonyme. Il est en réunion, il ne répond pas. Un ami lui envoie alors un texto, pour lui signifier de se rendre rue Jules Vallès au plus vite. À son arrivée, il se retrouve face à face avec des producteurs de contenus, des émissaires d'Adidas.

« Au début, je n'y croyais pas. Ils me parlaient de monter une opération avec un spot publicitaire, dont un très grand joueur tiendrait le rôle principal », se souvient-il. Les discussions s'engagent. Le grand joueur, c'est Lionel Messi, sa vidéo engrange des millions de vues. La nouvelle vedette du Paris Saint-Germain, en lien direct avec ce quartier des Pyramides, fait la promo d'un ballon siglé « Évry ». Il n'y a pas de retombées financières, mais l'événement met du sourire sur les visages et redore l'image de la ville, pour le plus grand bonheur des créateurs du jeu, des habitants et des édiles.

« Tu ne sais pas quelle joie j'ai eue quand j'ai vu les gars de la BAC s'arrêter pour se poser avec nous et tenter eux aussi de tirer. »

Scori, la star invaincue du quartier.

ENTRE COHABITATION ET OUVERTURE

Comme souvent, certains profitent du succès pour tirer la couverture à eux. Des élus relèvent le défi de la lucarne, sous le regard et la caméra de leurs conseillers en communication. Vice-président de la région Île-de-France et maire de la commune voisine de Mennecy, Jean-Philippe Dugoin-Clément est l'un des premiers à tenter l'expérience. Quant à Stéphane Beaudet, maire d'Évry-Courcouronnes, il se félicite avec fierté d'une « réussite qui dépasse les frontières de la ville, de la région et même du pays. Les initiatives particulièrement créatives et populaires doivent être accompagnées, saluées et expliquées ». Expliquer aux riverains, aussi, que leur résidence est désormais bien plus qu'un immeuble d'habitation.

Malason et ses amis tracent vite des limites. « On a imposé certaines règles. Les tirs ont généralement lieu entre 17h et 19h. On n'a pas connu de confrontations directes avec les voisins, mais on évite au maximum les nuisances et, de toute façon, je n'ai pas la clé de l'immeuble, seulement celle de la fenêtre », explique le jeune homme.

UNE LUCARNE VOYAGEUSE

Le vrai gardien, c'est lui, Malason. Gardien du temple et des échanges avec la mairie. À travers son cabinet, Stéphane Beaudet et les créateurs de la lucarne se parlent, se voient, pour satisfaire tout le monde. Parmi les idées énoncées, la plus concrète, venue de la municipalité, se trouve à une centaine de mètres, sur un espace abritant un terrain de pétanque délaissé. Il s'agit de déplacer la lucarne pour ne pas gêner les habitants. Malason, son frère Djibril et la bande ne sont pas contre. Mais ils voient plus grand. Ils montent un dossier pour proposer au monde une lucarne... portative. « Si les gens ne peuvent pas venir au 24, rue Jules Vallès, le 24, rue Jules Vallès ira à eux », résume Malason. Le projet est lancé, structuré et porté par un mécène originaire de la ville, Paul Lê. En bois, la lucarne voyageuse est en tout point similaire à l'originale.

Le football n'est que plaisir, dit-on. Parfois, le plaisir ouvre des portes inespérées. Ils voulaient s'amuser, passer le temps, partager un bon moment entre amis. Ils ont constaté une fois de plus que le football est un formidable vecteur de rapprochement des hommes avec les hommes. ■

Houssem Loussaïef

Jeune journaliste de moins en moins jeune, biberonné au football. Il a connu le haut niveau dans toutes les catégories de jeunes, avant la fameuse blessure du ligament croisé antérieur (bon, il n'y a pas que ça). Connecté et reconnu sur tous les nouveaux formats digitaux, Houssem like, poste et commente comme personne la génération Z – rien à voir avec Zizou.

C'EST QUOI TON FOOTBALL ?

Didier Roustan face à Walid Acherchour. Les deux visages de deux générations différentes, réunies le temps d'un échange autour d'un mot : football. Entretien croisé et passionné.

PROPOS RECUEILLIS PAR **CHARLES CORVER**

DIDIER ROUSTAN : Il y a deux choses dans le football, selon moi : le match et les alentours. J'ai une philosophie de vie dans ce métier : chercher le bonheur là où il se trouve, pour me ressourcer et me rafraîchir. Dans le jeu, c'est pareil. Le football est de plus en plus robotisé et aseptisé. Il croule sous les statistiques. Mais certains joueurs parviennent à garder une part d'humanité. Benzema, par exemple, humanise ce sport. Un robot va faire ce que tu lui demandes. Comme les joueurs de foot. Et c'est normal, car ce sport s'est « américanisé ». Et ça, je n'aime pas.

WALID ACHERCHOUR : Mon plaisir dans le football, il passe par le jeu. J-E-U et pas J-E. Je suis très attentif à la transmission des coachs, à la production collective des équipes. Aujourd'hui, c'est ce que je recherche quand j'allume ma télé. Je veux être provoqué, que mon interprétation du football soit challengée. Je veux apprendre quelque chose à chaque match. Je préfère la passe au dribble. La passe, c'est mon football. Je dis toujours ça, « c'est mon football ».

DIDIER ROUSTAN : Quand le Barça faisait 80 passes avant un tir, ça me fatiguait. Même si c'était costaud, j'arrivais à être fatigué. Le travail d'un entraîneur, oui. Mais les gestes me font vibrer.

WALID ACHERCHOUR : Je serai toujours plus sensible à la victoire du collectif qu'à un exploit individuel. Le joueur intervient dans un second temps. Je ne suis peut-être pas en phase avec ma génération, mais mon football, c'est l'équipe. Certains ne sont pas comme moi et vont trouver leur plaisir dans un dribble de Neymar, un 1 contre 1 de Mahrez ou devant les accélérations de Mbappé. C'est la génération YouTube, celle des « skills ». Parce que la consommation du foot a tellement changé...

DIDIER ROUSTAN : Je suis d'accord. Moi, quand Neymar fait le crapaud, je trouve ça un peu ridicule et je m'en fous. Ce que met en place le coach, ça m'intéresse aussi, comme toi. Mais j'aime le joueur utile, simple. Simplicité que je retrouve quand je me balade en Amérique du Sud. Je vois des choses... véritables. J'aimais les flaques d'eau, j'aimais quand devant le gardien de but, il y avait de la terre. J'aime l'état d'esprit des Anglais, par exemple. Tu te fais casser en deux et tu te relèves. Je déteste les joueurs qui se plaignent, qui trichent.

WALID ACHERCHOUR : Il y a beaucoup de contradictions dans ton football, Didier...

DIDIER ROUSTAN : Je ne parlerais pas de contradictions, mais j'aime que les choses soient établies dans la vie. Et dans le football également. En Amérique du Sud, les joueurs sont très durs, mais il y a un côté authentique.

WALID ACHERCHOUR : Authentique ? Moi j'ai du mal à coller l'étiquette « authentique » sur ma conception de ce sport. Mais si je devais définir mon football authentique, ce serait la Coupe du monde 2006. C'est MA référence. Des poules très relevées, de grands joueurs dans toutes les sélections et beaucoup de dramaturgie dans les rencontres. J'ai 14 ans et je me prends dans la tronche tout ce qui fait l'essence du football en un seul mois !

Moi, j'ai commencé avec Zidane. Quand on me dit que Platini est meilleur que Zidane, que Maradona est meilleur que Messi, je me refuse

ZAVEN
NAJJAR

à comparer les époques. J'écoute, je crois en ce qu'on me dit et j'essaie de me faire un avis. Je t'écoute, Didier, mais c'est très subjectif de comparer des joueurs. Messi, il m'a traumatisé. J'ai vu un reportage dans lequel un Argentin disait que « Messi, c'est Maradona tous les trois jours depuis quinze ans ». Le hors foot de Maradona est bien plus important et dépasse le simple statut du joueur, contrairement à Messi.

DIDIER ROUSTAN : C'est bien de comparer les époques. Les règles ont évolué dans le sens de

Walid Acherchour.

« Avec la récurrence et la multiplication des matchs, je ne supporte plus l'ennui. S'il y a deux ou trois jours sans foot, je suis triste. »

l'offensive, les pelouses ont évolué. Je ne comprends pas que quelqu'un qui se dit passionnée de foot ne s'intéresse pas à ce sport dans sa globalité. Le football n'est pas vieux, il n'a pas quatre siècles d'existence. Un cinéphile s'intéresse au cinéma muet, va voir des films de grands réalisateurs... Avec Maradona, il y avait tout. Il jouait dans des équipes moyennes. Ce que Messi n'a pas connu. Maradona évoluait face à de vrais défenseurs, ce que Messi n'a pas connu. Messi ne prendra jamais les coups comme Maradona les prenait. Ça va plus vite aujourd'hui et, tactiquement, c'est plus fort. Mais Messi se serait fait massacrer à l'époque de Maradona.

WALID ACHERCHOUR : Messi a couché pas mal de grands défenseurs, quand même... Je respecte toutes les époques, mais le football a tellement changé. Je ne regarderais pas des matchs de la Juventus de Platini, par exemple, avec ta sensibilité. Je n'en ferais pas la même analyse.

DIDIER ROUSTAN : Je ne te demande pas de regarder, mais de t'y intéresser. Tu ne peux pas voir un match de Platini et te faire une idée. Il faut le vivre. Le foot, c'est l'environnement de l'instant Avoir un mec au cul du début à la fin d'un match, ça n'existe plus. En 1966, Beckenbauer, qui était un milieu relayeur génial, était en individuelle sur Bobby Charlton, la star anglaise. Et ça annihilait le talent des deux. La Juventus, avec six champions du monde, plus Platini, jouait contre des équipes de merde. Même s'ils ouvraient la marque à la dixième minute, ils restaient en place et ne jouaient que les contre-attaques. C'était un enfer ! Vraiment pas génial à voir, à l'époque.

WALID ACHERCHOUR : Et aujourd'hui, vous vous régalez ?

DIDIER ROUSTAN : Aujourd'hui, peu importe les équipes, tu as soixante actions par match. Ça ne s'arrête jamais.

WALID ACHERCHOUR : J'appelle ça le football ping-pong...

DIDIER ROUSTAN : Appelons-ça le football ping-pong. Mais ce football, il te maintient en alerte. Tu as vu *Les dents de la mer*? Qu'est ce qui fait la force de ce film ? Tu es sous pression, tu sais qu'il y a du talent, mais de temps en temps, tu es tranquille, et tout d'un coup, boum, le requin arrive, comme les grands joueurs de l'époque. La saveur et le foot ont évolué avec le temps. Pour les Américains, il faut que ça aille à cent à l'heure. Le match de foot où il y a 25 tirs, 70 occasions, perd de son charme.

WALID ACHERCHOUR : Aujourd'hui, avec la récurrence et la multiplication des matchs, Didier, je ne supporte plus l'ennui. S'il y a deux ou trois jours sans foot, je suis comme un dingue. Je suis triste.

DIDIER ROUSTAN : Ça reflète la société actuelle. Quand tu t'arrêtes, tu as l'impression de perdre ton temps. Tu n'as pas le droit au repos. La multiplication des changements dans le football, par exemple, eh bien, ça permet de garder de l'intensité. On est à la recherche de spectacle.

WALID ACHERCHOUR : Ma chance, dans ma consommation de football, c'est que le week-end, je peux regarder beaucoup de matchs. Et dans mon bloc de match, j'ai deux très grands matchs, deux matchs moyens et une ou deux purges. Toi, si le match était mauvais...

DIDIER ROUSTAN : Je vivais dans une société où j'avais le droit de regarder un match de tennis de cinq heures sans avoir l'impression de perdre mon temps. Il y avait une sorte de lenteur dans le football qui était en parallèle avec la vie.

WALID ACHERCHOUR : On était dans une consommation épisodique, si je comprends bien ? Comme une série où chaque semaine, tu attends le nouvel épisode. Maintenant, la série, tu en regardes dix épisodes d'un coup ! Comme pour les joueurs. Ils remettent leur ceinture en jeu à chaque match, notamment sur les réseaux. La perception entre les deux générations a complètement changé. La régularité de Cristiano Ronaldo et Messi a tout explosé. Par rapport à ce qui se passait avant, on attend trop chaque joueur. Mon père me disait que « Zidane est l'homme de grands rendez-vous ». Mais il ratait des saisons. Aujourd'hui, on est beaucoup plus exigeant.

DIDIER ROUSTAN : Quand je t'entends dire que tu regardes vingt matchs par semaine, je me dis que tu devrais voyager, aller voir, pour te nourrir d'autre chose. Vous devez vous enrichir avec tous les à-côtés. Aller en Amérique du Sud, aller voir des matchs en Afrique. Moi, j'ai eu cette chance d'être à tous les matchs pendant vingt ans, quelles que soient leur importance et leur grandeur. Ça m'a enrichi comme homme et dans mon métier.

WALID ACHERCHOUR : On a créé le Club des 5, une quotidienne sur YouTube, pour débattre des cinq grands championnats européens. J'ai l'impression que le football d'avant se résumait aux sélections nationales et au championnat national. Aujourd'hui, les championnats européens représentent l'excellence et avec l'offre, le public a changé. Il est de plus en plus averti, il en demande plus et veut apprendre des championnats étrangers. Je le vois dans nos contenus digitaux et son public jeune. C'est dans la continuité de mon enfance. Je prenais plus de plaisir avec les émissions consacrées au football européen, même si elles étaient plus rares. Je voulais voir les « Frenchies d'Arsenal », les stars de l'étranger... Le parfait exemple, c'est la Ligue des champions. C'est LA compétition qui parle à tout le monde et transcende les générations.

DIDIER ROUSTAN : La Ligue des champions a vampirisé tout le reste. Autrefois, le football avait une identité. Au Brésil, c'était comme ça, en Argentine, c'était comme ça, et en Angleterre, c'était comme ça. Aujourd'hui, c'est un immense zoo. Les joueurs restent deux ans dans un club,

Didier Roustan.

« Les joueurs restent deux ans dans leur club puis partent. Tu es gavé comme une oie, les compétitions sont toujours les mêmes. »

puis s'en vont. Tu es gavé comme une oie, les compétitions sont les mêmes, mais elles gravitent autour de quelques équipes seulement. Cette offre tellement riche peut te perdre et ne pas développer ta sensibilité foot et ta personnalité. Quand une tendance se dégage sur les réseaux, les gens suivent et ne réfléchissent pas. La cervelle est aspirée par les tendances. Avant, on prenait le temps de réfléchir. ■

PAR

DAMIEN PERRINELLE

Ex-footballeur pro à Créteil, Boulogne-sur-Mer, Clermont et aux New York Red Bulls, Damien Perrinelle est un fidèle Aftérien, passé d'auditeur à intervenant de qualité. Sa passion de la radio est devenue une histoire de famille.

Je découvre l'After le 9 novembre 2007. Je joue alors à Boulogne-sur-Mer, on a un match à Dijon, un vendredi soir. On gagne 2-0. Mon père est venu de Paris, comme souvent. Après le match, j'ai deux jours de repos et je rentre avec lui. Sur l'autoroute, il met RMC. On écoute l'After, que je découvre. Et là c'est le choc Riolo. À l'époque, Djibril Cissé joue à l'OM, Eric Gerets vient de remplacer Albert Émon. Daniel pourrit Cissé et l'OM avec Jean-François Pérès, qui était là aussi. Je me dis « Mais qui c'est, ce fou ? Comment il parle ? » Ensuite, écouter l'After dans la voiture après mes matchs avec mon père est devenu un rituel. C'était notre truc à nous.

Mon père aussi était sportif de haut niveau (Jean-Pierre Perrinelle a participé aux Jeux olympiques de Munich en 1972 et de Montréal en 1976, en athlétisme, ndlr). On analysait mes matchs ensemble, tout en écoutant l'After. Mon père a disparu en 2014. Ce sont de supers souvenirs que j'ai avec lui. C'était notre moment, on débattait, on se marrait.

En 2008, l'émission est délocalisée à Boulogne, où je joue toujours. Je suis trop content. Je mets enfin un visage sur les voix – à l'époque, il n'y a pas les réseaux sociaux. Pour moi, passer dans l'émission, que j'écoute tout le temps avec mon père, c'est dingue. Après cette émission, je reste en contact avec l'équipe. Parfois, je passe dans les locaux de RMC, je participe, j'adore ça.

> **Je vais promener le chien pendant une heure, pour écouter l'After tranquille. Le chien veut rentrer, mais moi je vais au bout de l'émission.**

« TU AS UNE MAÎTRESSE, OU QUOI ? »

Plus tard, je pars jouer à Clermont. À l'époque, les matchs de Ligue 2 ont lieu le vendredi soir, on a le week-end pour nous. Je rentre chez moi, à Paris, et retourne à Clermont le dimanche soir, à l'heure du match de Ligue 1. Trois heures de route, j'ai le match et l'After, ça passe trop bien. Je m'adapte en fonction de l'émission. Ma copine a intérêt à ne pas être en retard ! Pareil après les matchs de Ligue des champions. Je vais promener le chien pendant une heure, pour écouter l'After tranquille. Le chien veut rentrer, mais moi je vais au bout de l'émission, à tel point qu'un jour, mon ex me demande : « Tu as une maîtresse, ou quoi ? » Je veux juste écouter mes potes. Parce que vraiment, à travers la radio, les gars de l'After sont devenus mes potes.

Aujourd'hui, chaque After me rappelle ces souvenirs. Les soirées avec mon père, les trajets sur la route. En 2014, je vais jouer à New York. L'After est mon lien avec la France. Dans un environnement étranger, je m'attache à ma petite coutume aftérienne. À 16h, là-bas, à l'heure du goûter, j'écoute l'After. Je vis seul, c'est ma compagnie quotidienne. Les voix que je connais me rassurent, j'imagine. L'After m'accompagne tous

Damien Perrinelle sous le maillot des New York Red Bulls.

les jours aux États-Unis. Lors des déplacements, je partage ma chambre avec Ronald Zubar. Il doit me prendre pour un fou. Mais moi, l'After, c'est ma famille.

LA VIE D'AFTER

De retour de New York, de temps en temps, je suis invité. La pression, à chaque fois. Mais quel plaisir. À la fin de ma carrière, l'After me file un coup de main. Je suis un peu dans le flou. Que faire ? Quelle reconversion ? Daniel et Gilbert font de moi un intervenant régulier. Je n'oublierai jamais. Ça m'a beaucoup aidé. J'adore ça, je bosse à fond. Quelle vie de rêve! Regarder des matchs et débattre de foot.

Aujourd'hui, je bosse à l'AS Monaco (Damien est l'un des adjoints de Niko Kova , ndlr). J'apprécie que les gars de l'After m'appellent pour prendre de mes nouvelles et pas pour me demander des infos sur le club.

Mon père aurait été très fier de m'entendre dans l'After. Et je suis très heureux que les gars de l'After soient mes amis. ■

MAILLOT

QUAND PLATOCHE RÉGALAIT

PAR **JEAN-MARC LEYNET**

EXPERT EN OBJETS ET *MEMORABILIA* DU FOOTBALL

Ce maillot est celui que portait Michel Platini le 5 juin 1986 lors du match France-URSS de la Coupe du monde au Mexique. Il l'a offert à l'un de ses coéquipiers à la fin du match. Les deux meilleures équipes européennes du moment s'affrontent dans la finale du groupe. Après leur victoire initiale face au Canada, 1-0, les coéquipiers de Platini ne doivent pas perdre pour espérer se qualifier pour les huitièmes. À l'époque, les matchs se jouent à midi, avec des cameramen torse nu sur le côté du terrain... La chaleur mexicaine réussit mieux aux Soviétiques, qui marquent par Vassili Rats. Luis Fernandez égalise à une demi-heure de la fin. Score final : 1-1. Les Bleus battent ensuite la Hongrie. Ils iront en demi-finale du Mundial. ■

20H-MINUIT | AFTER FOOT
GILBERT ET DANIEL
COMME VOUS
RMC
INFO TALK SPORT
GILBERT BRISBOIS
DANIEL RIOLO
ÉCOUTEZ RMC PARTOUT TOUT LE TEMPS

LA REVUE DE **GILBERT BRISBOIS** ET **DANIEL RIOLO**

AFTER FOOT

« LES VÉRITÉS QUE LE MONDE DU FOOT DOIT ENTENDRE »

ABONNEZ-VOUS !

OFFRE SPÉCIALE : 1 AN D'ABONNEMENT À LA REVUE *AFTER FOOT* + 1 ACCÈS ILLIMITÉ AUX CONTENUS DU SITE AFTERFOOT.MEDIA AU PRIX EXCEPTIONNEL DE **49 €**

Tarif valable pour la France métropolitaine.
Des frais d'expédition supplémentaires peuvent s'appliquer pour les autres pays.

BULLETIN D'ABONNEMENT

À retourner à *After Foot* - Service abonnements - 24, rue Anatole-France, 92300 Levallois-Perret

❑ Oui, je m'abonne 1 an à la revue *After Foot* (pour 4 numéros à partir du n° 4) + un accès illimité aux contenus du site afterfoot.media au tarif spécial de 49 €

Mr ❑ Mme ❑ Prénom.................................. Nom ....

Adresse ....

Code postal.................. Ville .... Pays..................

Email ....

❑ Je souhaite recevoir la lettre d'information d'*After Foot*.

Ci-joint mon règlement par ❑ Chèque à l'ordre des éditions du Ballon Rond

❑ Carte bancaire |_|_|_|_| |_|_|_|_| |_|_|_|_| |_|_|_|_|

Expire fin |_|_| / |_|_| Clé |_|_|_| (les 3 chiffres au dos de votre CB)

Date |_|_| / |_|_| / |_|_|_|_| Signature ....

RETROUVEZ L'INTÉGRALITÉ DE NOS OFFRES D'ABONNEMENT SUR LE SITE AFTERFOOT.MEDIA

UNE QUESTION, UNE REMARQUE ?
Mail : relationclient@afterfoot.media • Tél. : 02 78 88 00 85
Courrier : After Foot - 24, rue Anatole France, 92300 Levallois Perret

La revue *After Foot* est éditée par les éditions du Ballon Rond, 24, rue Anatole-France, 92300 Levallois-Perret, 893 152 454 R.C.S. Nanterre. Vous disposez d'un droit de rétractation de 14 jours après réception du premier numéro de votre abonnement par mail : relationclient@afterfoot.media ou par courrier : 24, rue Anatole France, 92300 Levallois Perret. Votre abonnement est résiliable à tout moment et les numéros non encore envoyés vous seront remboursés. En cas de litige, vous pourrez saisir un médiateur de la consommation, conformément à la réglementation en cours. https://www.economie.gouv.fr/mediation-conso

Les informations recueillies sont nécessaires pour la mise en place et le suivi de votre abonnement. Elles font l'objet d'un traitement informatisé et sont destinées au service abonnement des éditions du Ballon Rond ainsi qu'à ses prestataires. Vous pouvez exercer vos droits d'accès, de rectification, d'effacement, d'opposition, à la limitation et portabilité de vos données, ainsi qu'au sort de celles-ci en cas de décès, à l'adresse suivante : 24, rue Anatole-France, 92300 Levallois-Perret. Les conditions générales de vente complètes et la charte des données personnelles sont consultables sur afterfoot.media

AFTER FOOT Une revue créée par Gilbert Brisbois, Stéphane Germain, Daniel Riolo et Stéphane Simon. **afterfoot.media**

DIRECTEUR DE LA PUBLICATION
Stéphane Simon

DIRECTEURS DE LA RÉDACTION
Gilbert Brisbois
Daniel Riolo

ÉDITEUR
Stéphane Germain

ÉDITION DÉLÉGUÉE ET FABRICATION
Delicity

DIRECTRICE ARTISTIQUE
Constance Gournay

ILLUSTRATEUR
Zaven

DESSINATEUR
Jean Duverdier

ICONOGRAPHE
Pierre Husson
Crédits photo p. 2

RÉDACTEUR EN CHEF WEB
Pierre Saumard

COORDINATEUR
Jérémy Haumesser

RÉGIE PUBLICITAIRE
M*I*N*T - Fabrice Régy
• tél. : 01 43 65 19 56
• mail : fabrice@mint-regie.com

VENTE AU NUMÉRO
(réservée aux marchands de journaux)
Stand Up Presse :
contact@standup-presse.fr

GESTION DES ABONNEMENTS
Pour nous contacter :
• mail :
relationclient@afterfoot.media
• tél. : 02 78 88 00 85
• courrier : After Foot
24, rue Anatole-France
92300 Levallois-Perret

IMPRIMEUR
Aubin Imprimeur
CS 70005 - 86240
Ligugé, France

DIFFUSION PRESSE
Messageries lyonnaises de presse

ROUTAGE
France-Routage

DIFFUSION LIBRAIRIES
Interforum

INFORMATIONS LÉGALES
La revue *After Foot* est éditée par les éditions du Ballon Rond, 24, rue Anatole-France, 92300 Levallois Perret, 893 152 454 R.C.S. Nanterre.

SIRET :
89315245400011

24, rue Anatole-France
92300 Levallois-Perret

Dépôt légal à parution

ISSN : 2781-1425

CPPAP :
0623 K 94613